Dodo Liadé

Voodoo Food

Magie der afrikanischen Küche

Illustriert von Zsuzsanna Ilijin

Inhalt

Vorwort

Es gibt Momente im Leben, die uns immer in Erinnerung bleiben. Sie sind verbunden mit Bildern, mit Düften, mit dem Wohlgefühl, das uns in der Gesellschaft von Freunden oder im Kreis der Familie umgibt.

Für mich spielt bei diesen angenehmen Erinnerungen das Essen eine zentrale Rolle. Ich bin als sechstes von 17 Kindern in einer Großfamilie aufgewachsen, in für Europäer sicherlich unvorstellbaren Verhältnissen. Doch ich kann mich nicht erinnern, dass es bei uns jemals an Essen gefehlt hätte. Im Gegenteil! Meine Mutter kochte immer mehr als nötig – für den Fall, dass irgendjemand mit hungrigem Magen zu Besuch kommt. Tatsächlich hatte unser Haus den Charakter einer kleinen Mensa. Und wir Kinder hatten immer unseren Spaß daran, das Mahl mit Freunden zu teilen.

Nichts bereitete mir als Sechsjährigem so viel Freude wie meiner Mutter bei der Zubereitung einer Erdnusssauce mit Okra (immer noch eines meiner Leibgerichte) über die Schulter zu schauen. Mama besaß die Gabe, ja die erstaunliche Fähigkeit, wahrlich aus dem Nichts heraus die ganze Familie immer wieder mit fantastischen Gerichten zu überraschen. Das war ihre Kunst, und die beherrschte sie meisterhaft.

Später, als ich durch den Kontinent reiste, entdeckte ich die ganze Vielfalt der afrikanischen Küche. Nie werde ich den verführerischen Duft der frittierten Gemüsebananen (Aloko) vergessen, die ich mit meiner Begleiterin in Abidjan genoss. Mit Dakar verbinde ich den unvergleichlichen Geschmack von Yassa, mit Tunis die angenehme Schärfe von Harissa, das man dort zum Couscous reicht. In Timbuktu verwöhnten mich Freunde mit einem in Erdnusssauce geschmorten Perlhuhn – ein Gaumenschmaus! Ein Fest für alle Sinne war die äthiopische Kaffeezeremonie am Horn von Afrika: Zwei Handvoll grüne Kaffeebohnen werden unter stetigem Wenden in einer Blechpfanne auf einem gusseisernen Stövchen über dem Holzkohlenfeuer geröstet, dann zu Pulver zerstampft und in eine dünnhalsige Tonkanne gefüllt; zweimal wird der Kaffee auf dem Stövchen aufgekocht – schon allein dieser Duft ist eine Verheißung! In die geheimnisvolle Welt der Gewürze schließlich führte mich eine Reise auf die Insel Sansibar, wo ich nicht nur den Kardamom kennen und schätzen lernte.

Auf meinen Reisen habe ich in unzählige Kochtöpfe geschaut, mir Köstlichkeiten aus vielen Ländern und Regionen Afrikas auf der Zunge zergehen lassen. Und Rezepte gesammelt. Rezepte voller Magie, die ich Ihnen in diesem Buch präsentiere.

Mit gutem Grund bezeichne ich meine Rezeptsammlung und die Zutaten und Produkte, die ich zum Kochen verwende, als VoodooFood. Die Philosophie dahinter erklärt sich aus dem Begriff selbst: »Voodoo« kommt aus der Fan-Sprache des alten Königreichs Dahomey (Dahomé, heute Benin) und bedeutet eigentlich »Gott« oder »Geist«. Voodoo ist eine religiöse und kulturelle Strömung, die mit der Verschleppung afrikanischer Frauen und Männer als Sklaven in fremde Länder Amerikas eine neue Dimension und Interpretation erhalten hat. »Food« ist allgemein das Sammelwort für Lebensmittel und – in meinem Fall beziehungsweise auf die Küche Afrikas bezogen – für Lebensmittel, die großen sinnlichen Genuss verheißen und bieten.

Kurz gesagt: VoodooFood hilft, die positiven Kräfte zu Ihrem Wohlbefinden und dem Ihrer Gäste zu entfalten. Denn Kochen mit den passenden, auf der Grundlage geheimnisvollen alten Wissens ausgesuchten Ingredienzien ist genauso wie Voodoo eine positive Zauberei, eine Art Weiße Magie.

VoodooFood könnte im weiteren Sinne als göttliche Speise bezeichnet werden. Betrachtet man das gesamte Sortiment an VoodooFood-Produkten genau, stellt sich heraus, dass es hier im wahrsten Sinne des Wortes um Lebens-Mittel, also um Mittel zum Leben, geht. Tomatenkonfitüre, Ingwerpaste mit und ohne Honig, Lustgewürz, Charme du Café sind Produkte mit Kultstatus, die inzwischen auch in gastronomischen Kreisen Europas das Interesse an Afrika wecken.

Ich freue mich, Ihr Reiseführer durch die afrikanische Küche zu sein. Und ich bin mir sicher, Ihnen eine andere Seite von Afrika zu zeigen – ein Afrika voller kulinarischer Entdeckungen und voller Lebensfreude. Lernen Sie eine Esskultur kennen, die Lebensmittel – seien es Gewürze, Getreide oder Gemüse – als Genuss- und Heilmittel betrachtet und ihre magische Kraft hervorhebt.

Sehen Sie mein Buch als Ermutigung und herzliche Einladung, mit mir eine kulinarische Entdeckungsreise durch diesen faszinierenden Kontinent zu unternehmen. Kochen Sie mit mir und teilen Sie den Genuss mit Ihrer Familie und mit Ihren Freunden – damit Essen, wie in Afrika stets der Fall, auch ein wunderbares Gemeinschaftserlebnis ist.

In diesem Sinne wünsche ich Ihnen viel Freude mit VoodooFood, gutes Gelingen beim Nachkochen und großes Vergnügen beim Entdecken unendlicher Genüsse.

Dodo Liadé

Voodoo Food

Eine kulinarische Reise von Abidjan nach Sansibar

Das Glück köchelt in einem schwarzen Topf über dem offenen Feuer. Und kommt dann dampfend und als gut gewürzte Speise auf den Tisch. Wenn wir Afrikaner essen, stillen wir nicht nur unseren Hunger. Speisen sind stets viel mehr als bloße Nahrungsaufnahme. Für Afrikaner ist das Essen ein flüchtiges Glück. Von dieser wertvollen Gabe sollen auch andere etwas haben. Deshalb lieben wir es, dieses Glück, also unsere Mahlzeiten, mit anderen zu teilen. Gerne auch mit Fremden. Ganz egal, ob Sie bei Menschen zu Gast sein sollten, die noch nach traditionellen Bräuchen und Sitten leben, oder eine moderne afrikanische Familie besuchen: Sie sind immer herzlich willkommen. Plötzlich sitzen sie als »Tonton« (Onkel) oder »Tantie« (Tante) mit am Tisch, als Bruder oder Schwester. Vor allem aber als gute Freunde. Denn Freunde, davon sind Afrikaner überzeugt, gewinnt man beim Essen. Nicht nur Liebe geht durch den Magen, Freundschaft tut es auch. Und das ist schließlich das Wichtigste, liegt darin doch das wahre Glück im Leben: Gute Freunde zu haben, je mehr, desto besser. Für uns Afrikaner zumindest ist das so. Und wenn Sie nun bei Afrikanern am Tisch sitzen und sich an all den Köstlichkeiten laben, schenken Sie Ihren Gastgebern etwas von diesem Glück. Noch dazu, wenn ein Europäer eine afrikanische Familie besucht – dann fühlt sich die kochende Hausfrau ganz besonders geehrt und zu kulinarischen Höchstleistungen angespornt. Umso schöner, wenn es dem Gast dann auch mundet – als Indiz dafür gilt übrigens eine in Afrika logische Schlussfolgerung: Wer viel isst, dem schmeckt's. Deshalb werden Sie als Gast auch ständig ermuntert, zuzugreifen: »Bedienen Sie sich, fühlen Sie sich ganz wie zu Hause.« Das ist nicht nur so dahergesagt. Das ist uns Ernst. Und eine Herzensangelegenheit: »Tun Sie mir den Gefallen, nehmen Sie doch noch das kleine Stückchen Fleisch«, heißt es beispielsweise bei Tisch. Das dürfen Sie ruhig glauben – und der Köchin keine größere Freude bereiten. Genießen Sie also die afrikanische Gastfreundschaft in vollen Zügen, lassen Sie sich von exotischen Aromen verzaubern und wunderbar würzigen Gerüchen betören. Und langen Sie tüchtig zu!

Für Gäste nur das Beste

Als Willkommensgruß wird Ihnen als Gast bei einem afrikanischen Mahl zuerst ein Glas gekühltes Wasser gereicht, manchmal gar in einem Gefäß, das wir »Kalebasse« nennen; früher wurden Kalebassen aus ausgehöhlten Flaschenkürbissen gefertigt, inzwischen gibt es sie auch aus Ton oder anderen Materialien. Hinter dieser Begrüßungszeremonie steckt eine tiefere Bedeutung: Wasser hat in der afrikanischen Kultur einen hohen Stellenwert. Ihm gebührt ein ehrfurchtsvoller Umgang. Denn für uns kommt diese Quelle des Lebens nicht nur einfach aus der Leitung oder aus dem Brunnen – wir betrachten Wasser als Gottesgeschenk. Diese Kostbarkeit möchten wir mit unseren Gästen teilen, der Begrüßungstrunk ist ein Symbol dafür. Völlig egal übrigens, ob es sich bei der gereichten Gabe um Wasser handelt oder um ein anderes Getränk – als Wasser wird schlichtweg alles bezeichnet, was Gästen zum Empfang angeboten wird.

Ein Kontinent, viele Küchen

Ganz so einfach ist es bei den afrikanischen Speisen nicht, die Ihnen als Gast serviert werden. Denn die eine afrikanische Küche gibt es nicht. Dafür ist der Kontinent viel zu riesig – ein Fünftel der Landmasse der Erde wird immerhin von Afrika eingenommen. Kulinarisch unterteilt man Afrika ganz grob in vier Regionen: Zur arabisch beeinflussten nordafrikanischen Küche gehören die Länder nördlich der Sahara, also Marokko, Algerien und Tunesien. Daneben gibt es die äthiopische Küche, zu der auch Eritrea gehört, die südafrikanische Küche der Republik am Kap und die schwarzafrikanische Küche der Staaten West-, Zentral- und Ostafrikas. Auf unserer kulinarischen Reise von Abidjan an der Elfenbeinküste bis zur tansanischen Insel Sansibar sind wir mit »VoodooFood« also der Küche Afrikas auf der Spur.

Doch trotz aller regionalen Unterschiede gibt es auf den Speisekarten des Kontinents einige Gemeinsamkeiten. Getreide und Wurzelgemüse spielen überall eine große Rolle. Fisch, Pflanzenkost und Brot gibt es allerorten, Fleisch allerdings bisweilen nur selten. Für den Verzicht auf Fleisch könne es nur einen Grund geben, so die landläufige Meinung in Afrika – Geldmangel. Brot als Beilage und ein Ragout als Hauptgericht sind dagegen fester Teil einer afrikanischen Mahlzeit. Bei dem Ragout handelt es sich um eine Art gut gewürzten Eintopf, der aus Mais, Getreide, Hülsenfrüchten, Fleisch, Knollen oder anderem Gemüse gekocht wird. Für das pikante Aroma sorgen geräuchertes Fleisch, aber auch getrockneter oder geräucherter Fisch. Nüsse, Hülsenfrüchte, Kräuter und Gewürze machen afrikanische Ragouts so nahrhaft. Auch Brot ist nicht nur eine Beilage zu Suppen oder Saucen, sondern auch eine wichtige Nahrungsgrundlage. Ob es nun wie in Tunesien »Brick« heißt und einem französischen Crêpe ähnelt, oder

einem Fladenbrot wie das äthiopische »Injera« und das aus Indien stammende »Chapati«, das in Süd- und Ostafrika verbreitet ist. Anders als in Europa werden in Afrika so gut wie keine Vorspeisen, Salate oder Desserts serviert. Eine solche Tradition gibt es nur in Nordafrika. Überhaupt ist Rohkost selten, obwohl Afrikaner fast ausschließlich mit frischen Zutaten kochen: Die Früchte des Feldes werden fast immer gekocht, geröstet, gebraten oder gegrillt.

Die Natur deckt den Tisch

Doch welche Feldfrüchte in den verschiedenen Gegenden Afrikas auf den Tisch kommen, darüber entscheidet nicht die Köchin (fast immer eine Frau), sondern die Natur. Und die ist auf dem schwarzen Kontinent alles andere als einheitlich: Die vielfältigen Klima- und Vegetationszonen des schwarzen Kontinents – darunter tropische und subtropische Regenwälder, Savannen, Steppengebiete und gigantische Wüsten – bringen das so mit sich. Das wirkt sich natürlich auch auf die Landwirtschaft aus und, in deren Gefolge, auf die Esskultur. So wachsen in vom Regenwald geprägten Regionen hauptsächlich Mais, Weizen und Gerste. Tropische Gemüsepflanzen wie Yams, Kassawa (Maniok), Cocoyams gibt es vor allem in West- und Zentralafrika, ebenso wie Bananen. In den Oasen der Wüste gedeihen seit jeher Olivenbäume und Dattelpalmen, in den Sahelzonen ist traditionell der Anbau von Hirse und des wichtigen Brotgetreides Sorghum verbreitet. Und das schon seit Urzeiten. Das lassen jahrtausendealte Spuren von Sorghum, Hirse, Reis, Datteln und Knollen vermuten, die Archäologen entdeckt haben. So gibt es beispielsweise Hinweise darauf, dass sich Menschen in Ägypten bereits vor 19.000 Jahren von Knollenfrüchten und Fisch ernährt haben. Afrika gilt neuesten Forschungen zufolge als Wiege der Menschheit. Kein Wunder also, dass die Ägypter die Ersten gewesen sein sollen, die Sauerteigbrot gebacken haben. Hinweise darauf finden sich in der Bibel. Von der langen kulinarischen Tradition in Afrika zeugen daneben auch Funde von Kochgeschirr aus Bronze und Kupfer, Mörsern und Tontöpfen. Später beeinflussten Sklaven- und Gewürzhandel sowie die Kolonisation die Landwirtschaft in Afrika. So wurde aus Amerika Mais auf den Kontinent gebracht, Maniok und scharfer Chili wurden von den Portugiesen eingeführt, die die ersten Kolonialherren waren.

Würzige Experimente

Apropos Gewürze: Sie sind noch immer das A und O in der afrikanischen Küche. Nelken, Curry, Pfeffer, Zimt, Kreuzkümmel, Kurkuma und mehr sorgen in Speisen für Tiefgang und verpassen ihnen einen für Europäer exotischen Kick. Gewürze sprießen in Afrika, dass es eine Wonne für die Sinne ist. Das kann man sehen – auf den Märkten mit ihrem farbenfrohen Angebot – und riechen: Auf der »Gewürzinsel« Sansibar beispielsweise aromatisieren sie die Luft. Wir Afrikaner lieben Gewürze. Und gehen deshalb gerne verschwenderisch damit um. Nur als Beispiel: Zu einer Tajine-Sauce für Couscous gibt eine Tunesierin gut zwei Esslöffel des teuren »Ras el Hanout«, das aus bis zu 45 verschiedenen Gewürzen besteht. Und auch anderen Speisen werden händeweise Gewürze beigefügt. Wieviel? Das kann sich dauernd ändern. Denn zur Arbeit am Herd gehören in Afrika Experimente. Zwar lernen bereits junge Mädchen die Kunst des Kochens von ihren Müttern – in Afrika ist die Zubereitung von Speisen die Angelegenheit von Frauen, die stolz darauf sind, die Familie zu ernähren – doch Regeln, Rezepte gar, gibt es nicht. Und somit auch keine Mengenangaben. Das einzige Maß aller Dinge ist die Hand der Köchin. Sie ist das wichtigste Messgerät. Der Rest ist kulinarisches Einfühlungsvermögen.

Das gilt vor allem für die Traditionalisten in der afrikanischen Gesellschaft. Daneben gibt es die westlich geprägten Modernisten, die zur Mittel- und Oberschicht gehören und europäischen Essgewohnheiten frönen. Mit einem französischen Frühstück mit Café au lait und Baguette, Mittag- und mehrgängigem Abendessen, Fernsehuntermalung inklusive. Die Traditionalisten dagegen nehmen, wie in Afrika seit jeher üblich, meist nur zwei Mahlzeiten am Tag zu sich, zu Mittag und am Abend. Ganz besonders wichtig ist dabei das Abendessen. Hier versammelt sich die ganze Familie rund um das offene Feuer, also die Kochstelle, und erzählt Geschichten und Märchen. Vom Leben der Modernisten scheint all dies Lichtjahre entfernt, und gesellschaftlich haben beide Gruppen tatsächlich wenig miteinander zu tun. Und doch – ein kulturelles Überbleibsel gibt es noch, selbst bei modernen Afrikanern. Auch sie benutzen beim Essen am liebsten die Finger. So schmecke das Essen besser, heißt es. Ob das stimmt? Dies ist nur eines der Geheimnisse der afrikanischen Küche …

In eine ganze Welt voller Geheimnisse will »VoodooFood« Sie entführen, liebe Leserinnen und Leser. Tauchen Sie mit mir ein in ein Afrika, in dem Essen eine magische Bedeutung hat. Und eine gesellschaftspolitische Dimension. Hier werden nicht nur Märchen und Familiengeschichten an die nachfolgende Generation weitergegeben, auch wichtige Entscheidungen, private wie geschäftliche, werden bei uns immer zu Tisch getroffen.

Ich möchte Ihnen mit diesem Buch eine ganz neue Seite an meiner Heimat zeigen; ein Afrika voller Lebensfreude und kulinarischer Entdeckungen. Probieren Sie einige der hier vorgestellten Rezepte aus, und entdecken Sie eine völlig neue Welt. Denn besonders durch seine Küche lernt man ein fremdes Volk kennen und schätzen. Folgen Sie mir an die Kochtöpfe des schwarzen Kontinents.

Suppen

Soupe de couscous

Couscoussuppe

2 Zwiebeln
2 Knoblauchzehen
3 feste Tomaten
1 kleines Bund Koriander
4 EL Olivenöl
100 g Couscous
Salz
1 TL Gemüse Curry (voodoofood)

Die Zwiebeln und den Knoblauch schälen und in kleine Würfel schneiden. Die gewaschenen Tomaten vierteln. Den Koriander waschen, trocken schütteln und die Blätter ohne grobe Stiele fein hacken.

Das Olivenöl in einem Topf erhitzen. Die Zwiebeln und den Knoblauch darin anschwitzen. Die Tomaten dazugeben und leicht anbraten. 750 ml Wasser angießen und zum Kochen bringen.

Den Couscous unter ständigem Rühren einrieseln lassen und 5 Minuten bei kleiner Hitze köcheln lassen, dabei gelegentlich umrühren, damit er nicht zusammenklebt. Die Suppe mit Salz und Gemüse Curry abschmecken.

Den Koriander hinzufügen und die Suppe anrichten.

Kapverdische Inseln

Caldo de peixe

Fischsuppe

500 g gemischte Fischfilets, küchenfertig
5 Schalotten
2 Fleischtomaten
3 Stängel Petersilie
2 frische Chilischoten
2 EL frisch gepresster Zitronensaft
Salz
1 TL Milder Curry (voodoofood)

Den Fisch waschen, trocken tupfen und in mundgerechte Stücke schneiden. Die Schalotten schälen und in kleine Würfel schneiden. Die Tomaten waschen und ebenfalls klein würfeln. Die Petersilie fein hacken. Die Chilischoten längs halbieren, entkernen und hacken.

Alles in einen Topf geben und mit Wasser bedecken. Mit Zitronensaft, Salz und Curry würzen und zugedeckt bei kleiner Hitze 25 Minuten köcheln lassen. Vor dem Servieren nochmals abschmecken.

Soupe de banane

Soupe de banane

Bananensuppe

50 g frischer Ingwer
1 Stängel Zitronengras
1 frische Chilischote
½ TL Lustgewürz (voodoofood)
2 Fruchtbananen
750 ml Kokosmilch
250 ml Milch
Salz
einige Korianderblätter

Den Ingwer schälen und grob hacken, das Zitronengras längs halbieren. Beides zusammen mit der Chilischote in 250 ml Wasser 5 Minuten kochen. Anschließend die Brühe durch ein feines Sieb in einen größeren Topf abseihen und mit Lustgewürz würzen.

Die Bananen schälen, in Stücke schneiden und mit der Kokosmilch sowie der Milch im Mixer pürieren. Unter die Brühe rühren, mit Salz und Lustgewürz abschmecken und bei kleiner Hitze einige Minuten köcheln lassen. Mit den Korianderblättern bestreut anrichten.

Elfenbeinküste

Babazapo

Süßkartoffelsuppe

5 Schalotten
2 große Süßkartoffeln
25 g Butter
2 EL Olivenöl
1 TL Lustgewürz (voodoofood)
Salz
1 EL Crème fraîche
Schnittlauchröllchen

Die Schalotten und die Süßkartoffeln schälen und in kleine Würfel schneiden.

Butter und Olivenöl in einem Topf erhitzen und die Schalotten darin glasig dünsten. Die Kartoffeln dazugeben und 750 ml Wasser angießen. 15 bis 20 Minuten kochen, bis die Kartoffeln sehr weich sind.

Lustgewürz, etwas Salz und die Crème fraîche unterrühren. Die Suppe mit dem Stabmixer pürieren.

Die Suppe mit den Schnittlauchröllchen bestreut anrichten und lauwarm servieren.

Balrazapo

Soupe de coco

Kokossuppe

2 Zwiebeln
1 Knoblauchzehe
2 Möhren
50 g Kokosraspel
1 l Kokosmilch
200 g rohe, geschälte Garnelen
1 TL Lustgewürz (voodoofood)
Salz
1 kleines Bund Koriander

Die Zwiebeln und den Knoblauch schälen und in feine Würfel schneiden. Die Möhren schälen, halbieren und in Streifen schneiden.

Die Kokosraspel in einem Topf ohne Fett leicht anrösten. Mit der Kokosmilch aufgießen. Die Zwiebeln, den Knoblauch und die Möhren zufügen und 250 ml Wasser angießen. Zugedeckt bei kleiner Hitze 25 Minuten köcheln lassen. Dann die Garnelen untermischen und die Suppe mit Lustgewürz und Salz würzen.

Den Koriander waschen, trocken schütteln und die Blätter ohne grobe Stiele hacken. Vor dem Servieren unter die Suppe ziehen.

Soupe de légumes

Gemüsesuppe

1 Zwiebel
100 g Knollensellerie
5 Möhren
2 Kartoffeln
2 Tomaten
1 Zucchino
4 EL Olivenöl
Salz
1 TL Gemüse Curry (voodoofood)

Die Zwiebel, den Sellerie, die Möhren und die Kartoffeln schälen und in kleine Würfel schneiden. Die Tomaten und den Zucchino waschen und ebenfalls würfeln.

Das Olivenöl in einem Topf erhitzen und das Gemüse hineingeben. So viel Wasser angießen, bis alles gut bedeckt ist. Einmal zum Kochen bringen und bei kleiner Hitze zugedeckt 30 Minuten köcheln.

Die Suppe mit Salz und Gemüse Curry würzen und 5 Minuten ziehen lassen.

Grignou

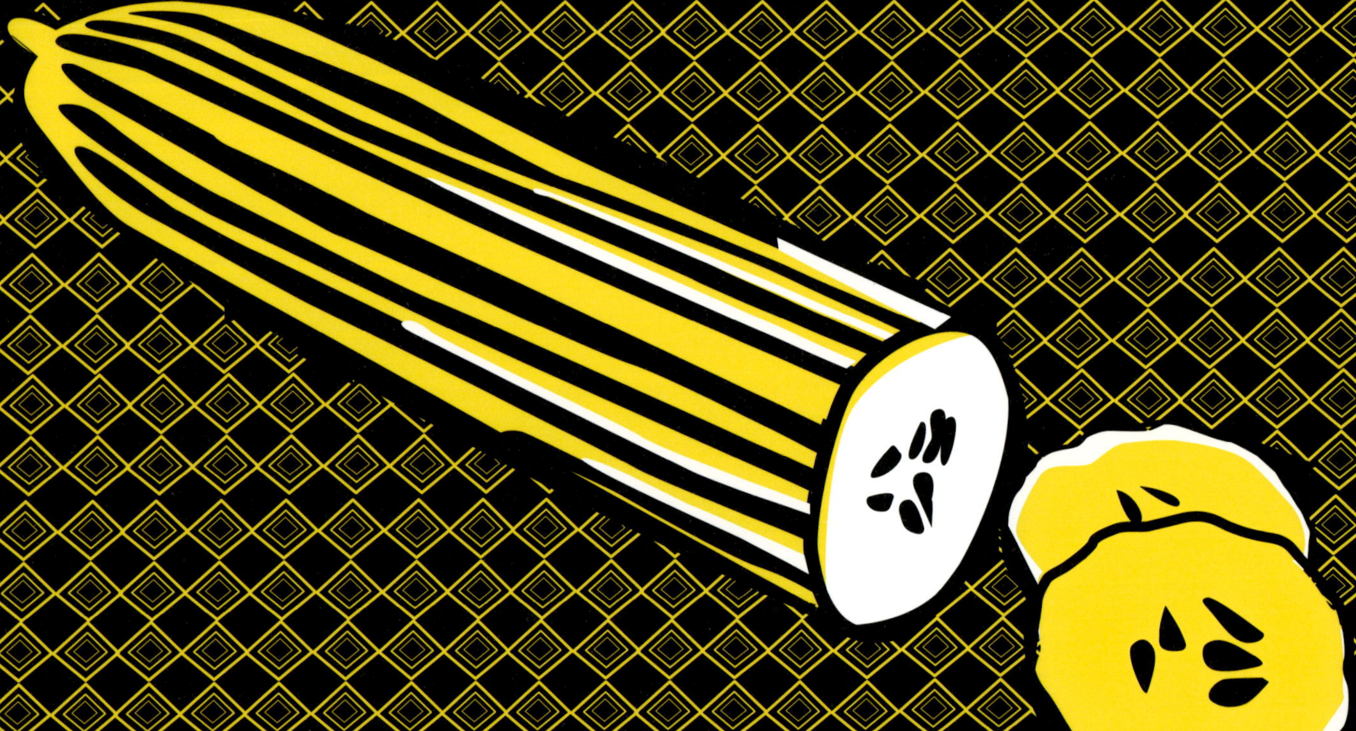

Grignou

Gurkensuppe

1 große Salatgurke
1 Zwiebel
3 Schalotten
1 EL Pflanzenöl
750 ml Hühnerbrühe
4 reife Birnen
100 g Frischkäse
1 ½ TL Harissa Tuareg (voodoofood)
Salz

Die Gurke schälen, einige feine Scheiben abschneiden und für die Dekoration beiseite stellen. Die restliche Gurke würfeln. Die Zwiebel und die Schalotten schälen und in kleine Würfel schneiden.

Das Öl in einem Topf erhitzen, die Zwiebel und die Schalotten darin glasig anschwitzen. Die Hühnerbrühe angießen, zum Kochen bringen und zugedeckt bei kleiner Hitze 10 Minuten köcheln lassen.

Inzwischen die Birnen schälen, vierteln, entkernen und in kleine Würfel schneiden. Mit den Gurkenwürfeln in die Suppe geben und weitere 10 Minuten köcheln lassen. Dann die Suppe vom Herd nehmen und den Frischkäse unterrühren. Die Suppe abkühlen lassen.

Die kalte Suppe pürieren und mindestens 8 Stunden im Kühlschrank ziehen lassen.

Das Harissa Tuareg im Mörser zerstoßen. Vor dem Servieren die Suppe salzen, mit den Gurkenscheiben garnieren und mit Harissa Tuareg bestreuen.

Elfenbeinküste

Kpakozapo

Hühnersuppe mit Kokosmilch

2 Zwiebeln
3 Möhren
30 g Butter
1 Suppenhuhn
Salz
100 g Reis
200 ml Kokosmilch
1 TL Lustgewürz (voodoofood)
2 Eigelb
2 EL Sahne
Korianderblätter

Die Zwiebeln und die Möhren schälen und in Würfel schneiden. Die Butter in einem großen Topf erhitzen und die Zwiebeln darin andünsten. Die Möhren und das Suppenhuhn dazugeben und so viel Wasser angießen, bis das Huhn bedeckt ist. Salzen, zum Kochen bringen und etwa 1 Stunde köcheln lassen.

Inzwischen den Reis in Salzwasser halb gar kochen, abgießen und abtropfen lassen.

Das Huhn aus der Suppe heben. Häuten, entbeinen und das Fleisch in mundgerechte Stücke schneiden.

Die Suppe durch ein Sieb passieren und das Fett abschöpfen. Die Kokosmilch unterrühren, den Reis und das Fleisch in die Suppe geben. Mit Lustgewürz würzen und bei kleiner Hitze noch etwas köcheln lassen.

Die Suppe vom Herd nehmen. Das Eigelb mit der Sahne verquirlen und unter die Suppe ziehen.

Portionsweise mit den Korianderblättern garniert servieren.

Kpakozapo

Soupe d'igname

Yamssuppe

500 g Yamswurzel
200 g Hühnerbrustfilet
50 g Butter
1 kleine Stange Lauch
Salz
1 TL Gemüse Curry (voodoofood)

Die Yamswurzel schälen und in Würfel schneiden. Das Hühnerfleisch in Streifen schneiden.

Die Butter in einem Topf zerlassen und das Fleisch darin kurz anbraten. Die Yamswurzel dazugeben und so viel Wasser angießen, dass alles gut bedeckt ist. Zum Kochen bringen und 15 Minuten bei kleiner Hitze köcheln lassen.

Den Lauch putzen, waschen und in Ringe schneiden. In die Suppe geben und weitere 10 Minuten köcheln lassen. Mit Salz und Gemüse Curry abschmecken.

Die Yamssuppe kann sowohl warm als auch kalt serviert werden.

Nigeria

Ugu soup

Kürbissuppe

500 g Kürbisfruchtfleisch
5 Schalotten
20 g Butter
1 EL Weizenmehl
1 TL Gemüse Curry (voodoofood)
Salz
3 EL Crème fraîche

Das Kürbisfruchtfleisch in grobe Würfel schneiden. Die Schalotten schälen und in sehr kleine Würfel schneiden.

Die Butter in einem Topf zerlassen. Das Mehl unter Rühren in der Butter bräunen. Langsam 1 Liter Wasser unter ständigem Rühren angießen und zum Kochen bringen. Das Kürbisfruchtfleisch und die Schalotten dazugeben und bei kleiner Hitze etwa 15 Minuten kochen, bis der Kürbis sehr weich ist.

Die Suppe mit Gemüse Curry und Salz würzen und mit einem Stabmixer pürieren. Die Crème fraîche unterziehen und die Suppe anrichten.

Beilagen

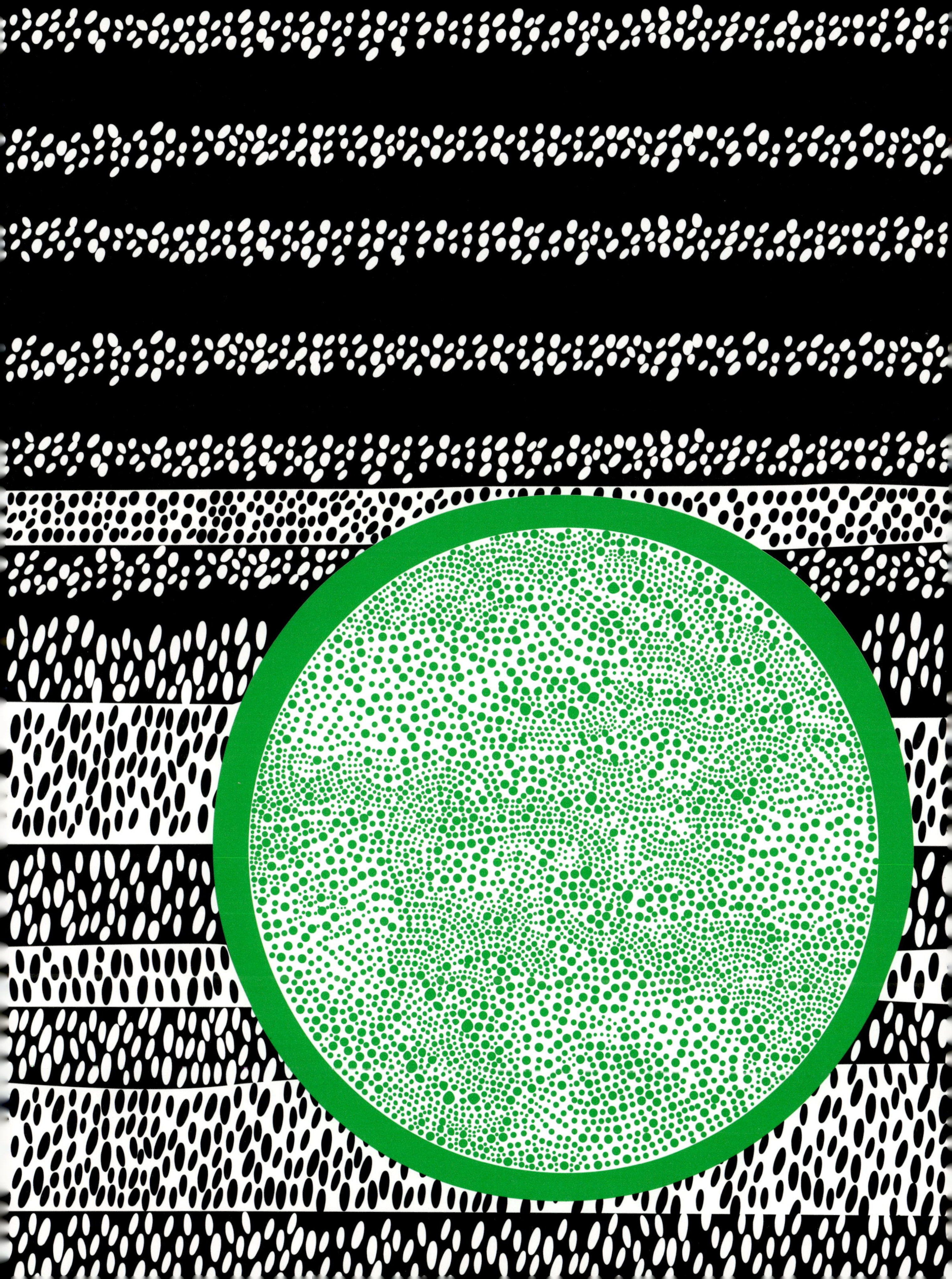

Elfenbeinküste

Seka à la Bété

Reis nach Bété Art

500 g Langkornreis
1 TL Salz
Bananenblätter (Anzahl je nach Größe des Topfes)
3 EL Erdnussöl

In Afrika wird dieses Reisgericht, das seinen Namen nach den Bété der Elfenbeinküste trägt, in einem Lehmgefäß zubereitet. Es verleiht ihm ein besonders sattes Aroma. Der durch die Bananenblätter leicht gefärbte Reis wird von den Bété am liebsten zu Gerichten mit Palmsaftsauce gegessen.

In einem Topf 500 ml gesalzenes Wasser zum Kochen bringen. Den gewaschenen Reis so auf Bananenblättern anrichten, dass, wenn man ihn ins kochende Wasser gibt, der Boden des Topfes mit Bananenblättern bedeckt ist.

Die Bananenblätter mit dem Reis in den Topf mit dem kochenden Wasser legen. Bei großer Hitze 5 Minuten kochen lassen. Dann die Temperatur reduzieren und möglichst das gesamte Wasser mit einer Schöpfkelle abschöpfen.

Den Reis mit Bananenblättern abdecken und den Topf mit einem Deckel verschließen. Nach 5 Minuten den Deckel abheben, das Öl zugegeben und den Reis weitere 10 Minuten zugedeckt garen.

Ugali

Maisbrei

25 g Butter
½ TL Salz
500 g Maismehl
500 ml Milch
1 TL gemahlener Koriander

Sattmacher oder Energielieferant? Denkt man an die körperliche Leistung der Gepäckträger am Kilimandscharo oder die Fitness ostafrikanischer Leistungssportler, ist die Antwort einfach. Alle schöpfen ihre Energie vorwiegend aus dem Genuss von Ugali, einer Speise, die auf den ersten Blick gar nicht so nahrhaft erscheint. Oder doch?

Die Butter in einem Topf zerlassen, 500 ml Wasser angießen, salzen und zum Kochen bringen.

Etwas Mehl mit der Milch verquirlen und in das kochende Wasser einrühren. Das restliche Mehl unter ständigem Rühren langsam dazugeben und mit dem Koriander würzen. Bei kleiner Hitze köcheln lassen, bis der Brei fest wird. Mit Spinatsauce (siehe Seite 46) oder einer anderen würzigen Sauce servieren.

Couscous

500 g Couscous
½ TL Salz
3 EL Olivenöl

Couscous ist ein nordafrikanisches Rezept, das in Tunesien und Marokko sehr beliebt ist. Wer ihn erfunden hat, ist ein Geheimnis. Bei der Zubereitung gibt es jedoch einen wesentlichen Unterschied: Die Tunesier verwenden für die Sauce zum Couscous Tomatenmark, die Marokkaner nicht.

Den Couscous in eine große Schüssel geben (sein Volumen verdoppelt sich beim Ausquellen). Salzen und mit 500 ml kochendem Wasser übergießen. Die Schüssel mit einem Tuch oder einem Deckel verschließen und den Couscous etwa 10 Minuten quellen lassen.

Das Olivenöl über den Couscous träufeln und mit einer Gabel oder einem Schneebesen unterrühren.

Besonders aromatisch wird der Couscous, wenn man ihn nach dem Ausquellen in ein Sieb gibt und das Sieb in einen Topf hängt, in dem eine Tajine (siehe Seite 63) köchelt. Das Sieb mit einem Tuch abdecken und den Couscous weitere 10 Minuten im Dampf garen.

Elfenbeinküste

Wer in der Elfenbeinküste zu Gast war und nicht in den Genuss dieser Köstlichkeit gekommen ist, sollte die Reise wiederholen. In der Côte d'Ivoire und den umliegenden Ländern ist dieser raffinierte Snack sehr beliebt. In Nigeria wird das Gericht Dodo genannt.

Aloko

Frittierte Kochbananen

4–5 Kochbananen
500 ml Erdnuss- oder Palmöl
Gewürzmischungen (voodoofood)
nach Belieben zum Bestreuen

Die Bananen schälen und in 1 cm dicke Scheiben schneiden.

Das Öl in einer Fritteuse oder in einem hohen Topf auf 175 °C erhitzen und die Bananen darin portionsweise goldbraun frittieren. Kurz auf Küchenpapier abtropfen lassen. Je nach Geschmack mit einer der voodoofood-Gewürzmischungen bestreuen.

Meine Empfehlung: Dazu ein Relish (siehe Seite 41) aus klein gehackten Chilischoten, Zwiebeln, Tomaten, frisch geriebener Muskatnuss, Salz und Öl reichen.

Aloko

Westafrika

Yams-Foufou

Yamsbällchen

1½ kg Yamswurzeln
1 gehäufter TL Salz
125 ml rotes Palmöl

Die Yamswurzel ist in Afrika südlich der Sahara weit verbreitet. Sie ist in der Küche vielseitig verwendbar und nicht nur wegen ihres Geschmacks beliebt; sie gilt als Energiespender und Dickmacher. Dünnen Frauen in Westafrika wird daher mit der Yamswurzel eine »Mastkur« verschrieben. Über Geschmack lässt sich auch in Afrika nicht streiten.
Im Übrigen: Die Baoulé gehören zu den bedeutendsten Stämmen der Elfenbeinküste. Sie sind zumeist Landwirte, sind klein von Wuchs, und sie gelten als fleißig und sparsam. Eines ihrer Lieblingsgerichte ist Yams-Foufou.

Die Yamswurzeln schälen und in 5 cm dicke Scheiben schneiden.

In einem Topf die Yamswurzeln mit 500 ml Wasser und dem Salz zum Kochen bringen. 15 bis 20 Minuten köcheln lassen.

Die Yamswurzeln abgießen und in einer Schüssel zerdrücken oder im Mixer pürieren. Nach und nach das Palmöl zugeben.

Aus der Masse mit feuchten Händen orangengroße Bällchen formen und auf einer Platte servieren.

Eine ideale Beilage zur Fischsuppe (siehe Seite 19).

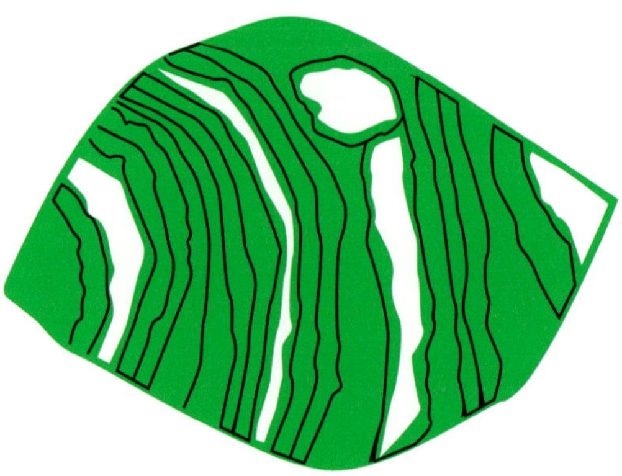

Riz aux trois épices

Reis mit drei Gewürzen

2 EL Öl
1 Msp Safranpulver oder einige Safranfäden
4 grüne Kardamomkapseln
300 g Langkornreis
Salz

Der Wahrheitsgehalt des Sprichworts »Gewürze sind für die Speise, was der Duft für die Haut ist«, lässt sich eindrucksvoll an diesem Beispiel demonstrieren. Dieser Reis ist einfach ein Gedicht.

Das Öl in einem großen Topf erhitzen und die Gewürze darin leicht rösten.

Den Reis in ein Sieb geben und unter fließendem Wasser gründlich waschen. Dann tropfnass in den Topf geben, mit den Gewürzen verrühren und 450 ml Wasser angießen. Salzen und bei kleiner Hitze zugedeckt etwa 15 Minuten garen.

Vor dem Servieren die Kardamomkapseln aus dem Reis entfernen.

Frittes de patates

Frittierte Süßkartoffeln

1 kg Süßkartoffeln
1 l Pflanzenöl
1 TL Milder Curry (voodoofood)
Salz

Die Süßkartoffeln schälen und in 5 mm dicke Scheiben oder Streifen schneiden.

Das Öl in der Fritteuse oder in einem hohen Topf auf 175 °C erhitzen und die Süßkartoffeln darin portionsweise goldbraun frittieren. Kurz auf Küchenpapier abtropfen lassen, mit Mildem Curry und Salz bestreuen.

Meine Empfehlung: Dazu eine leicht pikante Sauce aus kleingewürfelten Zwiebeln, Paprikaschoten, Tomaten und Öl servieren.

Frittierte Süßkartoffeln werden sowohl als Vorspeise wie auch als Beilage zu Fleisch oder Fisch gereicht.

Yam fritters

Ghana, Nigeria

Yam fritters

Frittierte Yams mit Relish

2 grüne Paprikaschoten
1 Zwiebel
3 Knoblauchzehen
30 g frischer Ingwer
½ TL Zucker
½ TL gemahlene Muskatnuss
½ TL Paprikapulver
½ TL Roter Curry (voodoofood)
3 EL Erdnuss- oder Olivenöl
1 kg Yamswurzeln
Salz

Die Paprikaschoten längs halbieren, entkernen und fein hacken. Die Zwiebel, den Knoblauch und den Ingwer schälen und in kleine Würfel schneiden. Alles mit dem Zucker und den Gewürzen vermischen.

Das Öl in einem Topf erhitzen und die Mischung hineingeben. 10 Minuten bei kleiner Hitze rösten, dabei öfter umrühren. Vom Herd nehmen und abkühlen lassen.

Die Yamswurzeln schälen und in 1 cm dicke Scheiben oder Streifen schneiden. Leicht salzen und in Öl etwa 10 Minuten ausbacken.

Mit dem Relish als kleinen Snack oder als Beilage zu gegrilltem Fleisch oder Fisch servieren.

Gnagna

Auberginensauce

5 Schalotten
2 Knoblauchzehen
4 Tomaten
250 g kleine weiße oder grüne Auberginen
4 EL Olivenöl
1 frische Habanero-Chilischote
1 TL Gemüse Curry (voodoofood)
Salz

Die Schalotten und den Knoblauch schälen und in kleine Würfel schneiden. Die Tomaten und die Auberginen kurz in kochendes Wasser legen. Dann herausheben und die Haut abziehen.

In einem Topf 2 Esslöffel Öl erhitzen, die Schalotten und den Knoblauch darin glasig anschwitzen. Die Tomaten und die Auberginen dazugeben und etwas andünsten. Die Chilischote hineinlegen, 500 ml Wasser angießen und zum Kochen bringen. Bei kleiner Hitze 20 Minuten köcheln lassen, anschließend die Chilischote entfernen.

Die Sauce mit Gemüse Curry und Salz würzen und mit dem Stabmixer pürieren. Das restliche Öl unterrühren.

Die Auberginensauce passt zu fast allem. Sie wird sowohl als dickliche als auch leicht flüssige Sauce gegessen.

Injera

Äthiopisches Brot

250 g Weizen- oder Hirsemehl
3 EL Pflanzenöl

Injera ist nichts anderes als ein ungesäuertes Brot. Es ist das Nationalgericht von Äthiopien. In keinem anderen Land Afrikas beherrscht man die Technik, dieses Brot herzustellen, so wie am Horn von Afrika. Der Teigfladen wird nur auf einer Seite gebacken und sollte nicht braun werden.

Das Mehl in eine Schüssel sieben. Langsam 500 ml Wasser unterrühren und dabei darauf achten, dass sich keine Klümpchen bilden. Zugedeckt zwei Tage stehen lassen, bis der Teig gegoren ist.

Das Wasser abgießen, das sich auf der Teigoberfläche abgesetzt hat. Vom Teig eine halbe Tasse abnehmen, in einen kleinen Topf geben und mit Wasser verdünnen. Bei kleiner Hitze so lange unter Rühren köcheln, bis der Teig wieder eingedickt ist. Vom Herd nehmen und abkühlen lassen. Dann wieder zum Restteig in die Schüssel geben, etwas Wasser zufügen und gründlich unterrühren. Die Schüssel abdecken und den Teig quellen lassen, bis er dickflüssig wird.

Etwas Öl in einer Pfanne erhitzen und mit einer Schöpfkelle so viel Teig von außen nach innen hineingießen, dass ein dünner Teigboden entsteht. Die Pfanne mit einem Deckel verschließen und den Teigfladen bei kleiner Hitze etwa 2 Minuten backen. Er ist fertig, sobald er sich vom Pfannenrand löst und viele kleine Bläschen aufweist. Auf diese Weise nach und nach den ganzen Teig verarbeiten.

Sorgho au gingembre

Hirse mit Ingwer

400 g Hirse
30 g frischer Ingwer
Salz

Die Hirse ist ein typisches Getreide der Sahelzone. Wegen ihres neutralen Geschmacks kann sie vielseitig zubereitet werden, und sie passt zu jeder Sauce. In den Bioläden Europas hat Hirse inzwischen einen hohen Stellenwert.

Die Hirse in ein Sieb geben und unter fließendem Wasser leicht abspülen.

Den Ingwer schälen und fein hacken. Die Hirse mit dem Ingwer und 1 Prise Salz in einen Topf geben und 500 ml Wasser angießen. Bei kleiner Hitze 20 Minuten garen.

Sauce créole

Habanero-Sauce

2 Habanero-Chilischoten
1 Tomate
1 Zwiebel
1 Knoblauchzehe
1 TL Tomatenmark
3 Öl
Salz

Die Chilischoten klein hacken (dabei Küchenhandschuhe tragen, die Schoten sind sehr scharf). Die Tomate würfeln. Die Zwiebel und den Knoblauch schälen und in kleine Würfel schneiden. Alles in einen Mixer geben und mit dem Tomatenmark und dem Öl pürieren. Mit Salz abschmecken.

Die Sauce passt sehr gut zu Hähnchen vom Grill (siehe Seite 92), gebratenem Fleisch, frittierten Kochbananen (siehe Seite 36) oder Yamswurzeln.

Riz jaune

Kurkumareis

2 EL Öl
1 TL gemahlene Kurkuma
400 g Langkornreis
Salz

Kurkuma, auch Gelbwurz oder indischer Safran genannt, ist weit mehr als ein Genussmittel. Sie fördert die Verdauung und regt den Appetit an. Kurkuma ist vielfältig verwendbar und verleiht vielen Speisen wie dem Kurkumareis eine leuchtend gelbe Farbe.

Das Öl in einem großen Topf erhitzen und die Kurkuma darin unter Rühren auflösen.

Den Reis in ein Sieb geben und unter fließendem Wasser gründlich waschen. Dann tropfnass in den Topf geben, mit dem gewürzten Öl verrühren und 500 ml Wasser angießen. Salzen und bei kleiner Hitze zugedeckt etwa 15 Minuten garen.

Riz jaune

Botswana

Morogo

Spinatsauce

2 große Zwiebeln
1 kg Blattspinat oder Auberginenblätter
2 EL Olivenöl oder rotes Palmöl
1 Msp Chilipulver
1 TL Grüner Curry (voodoofood)
Salz

Die Zwiebeln schälen und in kleine Würfel schneiden. Den Spinat verlesen, welke Blätter und grobe Stiele entfernen. Dann den Spinat gründlich waschen und tropfnass in einen Topf geben. Die Zwiebeln zufügen und 125 ml Wasser angießen.

Den Spinat unter Rühren 10 Minuten dünsten. Das Öl und die Gewürze untermischen. Weiter köcheln lassen, bis das Wasser verdampft ist. Nochmals mit Salz abschmecken und heiß servieren.

Die Spinatsauce ist eine ideale Beilage zu Reis, Kartoffeln, Yamswurzeln, Maniok oder Kochbananen (siehe Seite 36).

Morogo

Vegetarische Gerichte

Ragout d’igname
Yamsragout

500 g Yamswurzel
25 g Butter
50 g Tomatenmark
½ EL Lustgewürz (voodoofood)
½ TL Meersalz
1 TL fein gehackte Minze

Die Yamswurzel schälen und in 2 cm große Würfel schneiden.

Die Butter in einem Topf zerlassen. Das Tomatenmark mit etwas Wasser verrühren und unter die Butter mischen. Die Yamswurzel dazugeben und so viel Wasser angießen, dass alles gut bedeckt ist. Bei kleiner Hitze etwa 20 Minuten köcheln, dabei gelegentlich umrühren.

Das Ragout mit Lustgewürz und Salz würzen und mit der Minze bestreuen.

Benin

Ragout de manioc

Maniokragout

1 Zwiebel
3 Möhren
3 EL Olivenöl
2 EL Tomatenmark
500 g Maniok
Salz
1 TL Gemüse Curry (voodoofood)
100 g Kürbisfruchtfleisch

Die Zwiebel und die Möhren schälen und in kleine Würfel schneiden.

Das Olivenöl in einem Topf erhitzen, das Tomatenmark einrühren und etwas Farbe nehmen lassen. Die Zwiebel und die Möhren dazugeben und 2 Minuten unter Rühren anschwitzen. 500 ml Wasser angießen, zum Kochen bringen und 10 Minuten köcheln lassen.

Inzwischen den Maniok schälen, der Länge nach halbieren und den faserigen inneren Kern entfernen. Den Maniok würfeln und in den Topf geben. Weitere 10 Minuten köcheln, dann mit Salz und Gemüse Curry würzen.

Das Kürbisfruchtfleisch würfeln, zum Gemüse geben und nochmals etwa 5 Minuten garen, bis das Gemüse weich ist.

Sambia

Kalembula

Blattspinat

5 Schalotten
3 Knoblauchzehen
500 g Blattspinat
frisch geriebene Muskatnuss
3 EL Speiseöl
Salz und frisch gemahlener Pfeffer

Oft werden zwei afrikanische Länder verwechselt: Gambia, das Nachbarland Senegals mit seinen wunderschönen Stränden, und Sambia, weit von den Küsten des Indischen und Atlantischen Ozeans entfernt, aber dank vieler Seen und der Victoriafälle sehr wasserreich. Ob in der Hauptstadt Lusaka oder in den Provinzen, in Sambia lässt es sich gut leben. Ich habe hier nicht nur wunderbare Menschen kennengelernt, sondern bin auch um kulinarische Erfahrungen reicher geworden. Alles, was als Blattgemüse aufgetischt wird, nennt man hier Spinat. Bei 70 verschiedenen Sprachen im Land kein Wunder.

Die Schalotten und den Knoblauch schälen und in kleine Würfel schneiden. Den Spinat verlesen, welke Blätter und grobe Stiele entfernen. Dann den Spinat gründlich waschen und tropfnass in einen Topf geben. Die Schalotten und den Knoblauch zufügen und 125 ml Wasser angießen. Mit Muskat würzen.

Den Spinat unter Rühren 10 Minuten dünsten. Das Öl untermischen, mit Salz und Pfeffer würzen und den Spinat weiter köcheln lassen, bis das Wasser verdampft ist. Nochmals mit Salz und Pfeffer sowie Muskat abschmecken und heiß servieren.

Tipp: Dieser Blattspinat passt gut zu Kartoffeln, Reis oder gekochten Kassawa. Im Originalrezept werden anstelle von Spinat Süßkartoffel- oder Kassawablätter verwendet, die man in Europa aber nur selten findet. Die afrikanischen Länder sind hierfür die Hauptbezugsquelle.

Kalembrula

Südafrika

Waterbommetji-Bredio

Kürbisblüten mit Kokosmilch

1 Knoblauchzehe
1 große Zwiebel
2 Kartoffeln
500 g Kürbisblüten
75 ml Kokosmilch
1 TL Gemüse Curry (voodoofood)
Salz

Wer in Afrika kein Fleisch isst, tut es nicht, weil er Vegetarier ist. Wer kein Fleisch isst, kann sich keines leisten. Erstaunlich ist, wie raffiniert die fleischlosen Gerichte sind. Hier dient quasi jede Blüte oder jedes grüne Blatt zum Schmorgericht mit Blüten oder zum Blattspinat. So kann auch Bescheidenheit die Gesundheit fördern. Gemüse brauchen weder Fleisch noch Fisch, um gut zu schmecken. »Mit guten Gewürzen kann man aus einer Aubergine einen Hummergeschmack zaubern«, preist unsere Köchin in Kapstadt ihre Kochkünste. In der Tat, es war eine Zauberei, was die junge Dame aus dem Nichts aufgetischt hatte. Jeder hätte dieses Rezept ebenso aufgeschrieben wie ich.

Den Knoblauch schälen und zerdrücken. Die Zwiebel und die Kartoffeln schälen und in Würfel schneiden. Die Kürbisblüten vorsichtig waschen.

Alles in einen Topf geben und mit wenig Wasser bei kleiner Hitze etwa 30 Minuten garen.

Die Kokosmilch zum Gemüse geben, mit Gemüse Curry und Salz würzen und bei kleiner Hitze weitere 5 Minuten ziehen lassen.

Mit Reis servieren.

Waterbommetji-Bredio

Elfenbeinküste, Ghana

Djoumbélé

Okraschoten mit getrockneten Champignons in Palmsaft

100 g getrocknete Okraschoten
50 g getrocknete Champignons
1 Zwiebel
1 Knoblauchzehe
250 g Palmsaftkonzentrat
2 TL Tomatenmark
1 TL gemahlener Mohrenpfeffer
½ TL Chilipulver
Salz

Die Okraschoten und die Champignons 30 Minuten in lauwarmem Wasser einweichen. Dann in ein Sieb geben und unter fließendem Wasser abspülen.

Die Zwiebel und den Knoblauch schälen und in kleine Würfel schneiden.

In einem Topf 200 ml Wasser zum Kochen bringen. Die Okraschoten, die Champignons, die Zwiebeln und den Knoblauch hineingeben und so lange kochen, bis das Wasser um ein Viertel reduziert ist.

Das Palmsaftkonzentrat und das Tomatenmark einrühren und das Gemüse 15 Minuten köcheln lassen, bis sich auf der Oberfläche ein Ölfilm gebildet hat. Das Gemüse mit Mohrenpfeffer, Chilipulver und Salz würzen.

Mit Reis oder Bananen-Foutou servieren. Bananen-Foutou wird aus gekochten und dann gestampften Kochbananen zubereitet.

Ich las im Gesicht meiner Gastgeberin das Bedauern für dieses karge Mahl. Karg ist in Afrika eine Speise, wenn sie fleischlos ist. Dass ich für mich eine der schmackhaftesten Speisen an diesem Tag entdeckte, erfuhr Jany spätestens bei der Rückgabe meines leer gegessenen Tellers.
Takoradi ist nicht nur eine wunderbare Stadt an der Küste des Atlantischen Ozeans mit prachtvollen Stränden und fröhlichen Menschen, sie ist auch eine Stadt der Genüsse. Die Küche hier ist einfach, leicht und schmackhaft. Ob Fischsuppe oder gebratene Schnecken von einer Straßenverkäuferin – alles wird frisch nach dem gleichen Prinzip zubereitet – mit dem Ergebnis: Alles schmeckt würzig.
»Gold coast« (Goldküste), wie Ghana früher hieß, ist im doppelten Wortsinn zutreffend, denn gutes Essen ist auch Gold wert.

Maghreb

Taboulé

Couscoussalat

350 ml Gemüsebrühe
200 g Couscous
Salz
2 Tomaten
½ Salatgurke
1 Knoblauchzehe
2 EL frisch gepresster Zitronensaft
4 EL Olivenöl
frisch gemahlener Pfeffer
3 EL fein gehackte Petersilie
4 EL frisch gehackte Minze

Das Rezept ist ein Stück französisch-afrikanischer Kolonialgeschichte. Diese Art der Couscouszubereitung ist in Frankreich ebenso weit verbreitet wie in Nordafrika. Taboulé wird als kalte Vorspeise oder Zwischenmahlzeit serviert.

Die Gemüsebrühe einmal aufkochen. Den Couscous in eine große Schüssel geben (sein Volumen verdoppelt sich beim Ausquellen). Salzen und mit der kochenden Brühe übergießen. Die Schüssel mit einem Tuch oder einem Deckel zudecken und den Couscous 10 Minuten quellen lassen.

Die Tomaten häuten und in kleine Würfel schneiden. Die Salatgurke schälen und ebenfalls würfeln. Den Knoblauch schälen, zerdrücken und mit dem Zitronensaft, dem Olivenöl, Salz und Pfeffer zu einem Dressing verrühren.

Die Tomaten, die Gurke und die Kräuter unter den Couscous mischen und das Dressing unterziehen. 1 Stunde ziehen lassen, damit sich alle Aromen entfalten können.

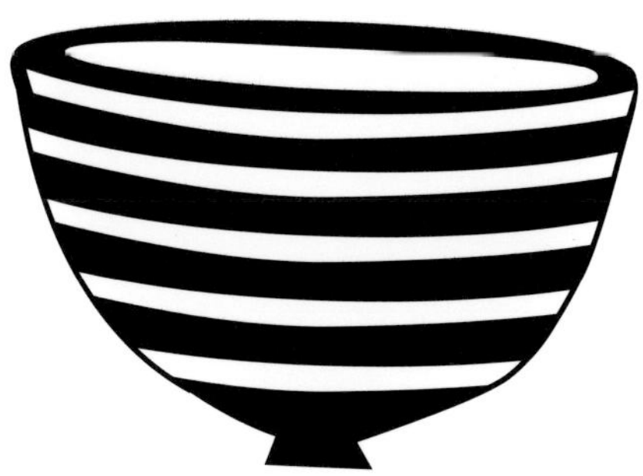

Algerien, Marokko

Riz au safran

Safranreis mit Blumenkohl

500 g Langkornreis
Salz
1 großer Blumenkohl
70 g Butter
1 Msp Safranpulver oder einige Safranfäden

Den Reis in 1 Liter leicht gesalzenem Wasser halb gar kochen. Dann in ein feines Sieb abgießen, unter kaltem Wasser abspülen und gut abtropfen lassen.

Den Blumenkohl putzen und in kleine Röschen teilen. In einer großen Pfanne die Hälfte der Butter zerlassen und den Blumenkohl darin goldbraun braten.

In einem großen Topf 1 EL Butter zerlassen. Den Reis und den Blumenkohl dazugeben. Den Safran in 125 ml heißem Wasser auflösen und über den Reis gießen. Die restliche Butter zufügen und den Topf gut verschließen, damit kein Dampf entweichen kann. Zugedeckt 15 Minuten garen.

Dieses Reisgericht kann sowohl als vegetarisches Hauptgericht wie auch als Beilage zu gebratenem Fleisch serviert werden.

Riz au safran

Marokko

Couscous d'été

Couscous mit Kräutern und eingelegten Zitronen

350 g Couscous
Salz
4 Frühlingszwiebeln
1 Bund glatte Petersilie
1 Bund Minze
1 Bund Koriander
2 EL Olivenöl
½ eingelegte Zitrone
50 g Butter

Den Couscous in eine große Auflaufform geben (sein Volumen verdoppelt sich beim Ausquellen). Salzen und mit 400 ml kochendem Wasser übergießen. Die Form mit einem Tuch oder einem Deckel zudecken und den Couscous 10 Minuten quellen lassen. Den Backofen auf 175 °C vorheizen.

Inzwischen die Frühlingszwiebeln und die Kräuter putzen bzw. waschen und trocken schütteln. Die Frühlingszwiebeln in feine Röllchen schneiden, die Kräuter ohne grobe Stiele fein hacken.

Das Olivenöl über den Couscous träufeln und mit einer Gabel oder einem Schneebesen unterrühren. Die Frühlingszwiebeln sowie die Hälfte der Kräuter untermischen. Die Auflaufform mit Alufolie verschließen und den Couscous im heißen Ofen 15 Minuten garen.

Die Zitrone klein schneiden. Den Couscous auf einer vorgewärmten Platte anrichten und die Butter in Flöckchen darauf verteilen. Mit den restlichen Kräutern und der Zitrone garnieren.

Couscous d'été

Tunesien, Marokko, Algerien

Hummus

Kichererbsenpüree

200 g getrocknete Kichererbsen
1 Knoblauchzehe
Salz
250 g Sesamsaat
2 EL frisch gepresster Zitronensaft
1–2 TL Lustgewürz (voodoofood), alternativ Roter Curry
1 EL Olivenöl

Die Kichererbsen über Nacht einweichen. Am nächsten Tag abgießen, dabei etwas Einweichwasser auffangen und beiseitestellen. Die Kichererbsen in einen Topf geben, mit frischem kaltem Wasser gut bedecken und etwa 1 Stunde kochen, bis sie weich sind.

Den Knoblauch schälen und mit etwas Salz zerdrücken. Die Kichererbsen abgießen und abtropfen lassen. Im Mixer mit dem Knoblauch, der Sesamsaat und etwas Einweichwasser zu einem dicken Brei pürieren. Mit Zitronensaft, Salz und Lustgewürz würzen und zum Schluss das Olivenöl unterrühren.

Hummus kann als Beilage zu gebratenem Fleisch oder Fisch oder als Brotaufstrich gegessen werden.

Tajine l'hodra

Gemüse-Tajine

4 Möhren
1 Paprikaschote
2 Zucchini
1 Aubergine
100 g Kürbisfruchtfleisch
3 Schalotten
2 Knoblauchzehen
8 EL Olivenöl
50 g Tomatenmark
100 g gekochte Kichererbsen (aus der Dose)
2 TL Ras el Hanout oder
Gemüse Curry (voodoofood)
Salz

Was wäre die Tajine ohne Ras el Hanout? Viel wurde über die Gewürzmischung gedichtet, und meine Neugier war groß, als ich in Tunesien war. Ich wurde nicht enttäuscht. In der Tat bestand »Das Haupt des Ladens« (das ist die wörtliche Übersetzung von Ras el Hanout) nicht nur aus über 40 Gewürzen, es war auch über 40 Gewürze wert.

Das Gemüse schälen bzw. putzen und in etwa 2 cm große Stücke schneiden. Den Kürbis ebenfalls in Würfel schneiden. Die Schalotten und den Knoblauch schälen und in kleine Würfel schneiden.

Das Olivenöl in einem Topf erhitzen, die Schalotten und den Knoblauch darin glasig anschwitzen. Das Tomatenmark einrühren und Farbe nehmen lassen. Das Gemüse bis auf den Kürbis untermischen und 500 ml Wasser angießen. Bei kleiner Hitze zum Kochen bringen.

Nach 10 Minuten Kochzeit den Kürbis und die Kichererbsen zum restlichen Gemüse geben und weitere 10 Minuten köcheln lassen, eventuell etwas Wasser nachgießen.

Das Gemüse mit Ras el Hanout oder Gemüse Curry und Salz abschmecken. Etwa 10 Minuten weiterköcheln lassen, bis das Gemüse gar ist.

Mit Couscous (siehe Seite 35) oder Kurkumareis (siehe Seite 44) servieren.

Fisch

Mosambik

Camarao Grelhado Matapa

Blattgemüse mit Garnelen

1 kg Blattgemüse (z. B. Spinat, Mangold oder Auberginenblätter)
3 Schalotten
3 Tomaten
100 g Erdnusscreme
250 ml Kokosmilch
Salz
1 TL Grüner Curry (voodoofood)
1 Msp Chilipulver
300 g rohe, geschälte Garnelen

Das Blattgemüse verlesen, welke Blätter und grobe Stiele entfernen. Das Gemüse gründlich waschen und tropfnass in einen Topf geben. Zugedeckt bei kleiner Hitze zusammenfallen lassen.

Inzwischen die Schalotten schälen und in kleine Würfel schneiden. Die Tomaten ebenfalls würfeln. Beides unter das Gemüse mischen. Die Erdnusscreme mit der Kokosmilch verrühren und zum Gemüse geben. Bei kleiner Hitze 10 Minuten köcheln lassen.

Das Gemüse mit Salz, Grünem Curry und Chilipulver abschmecken. Die Garnelen auf das Gemüse legen und zugedeckt kurz garen.

In Mosambik werden getrocknete Garnelen verwendet, die zusammen mit dem Gemüse gekocht werden. Als Beilage serviert man Maisbrei (siehe Seite 35).

Camarao Grelhado Matapa

Zentralafrika

Dongo-Dongo

Fischeintopf

4 Rotbrassen, küchenfertig, ohne Kopf und Schwanz
4 große Zwiebeln
2 Knoblauchzehen
4 mittelgroße weiße Auberginen
3 EL Erdnussöl
100 g frische Okraschoten, geputzt
3 frische Vogelaugen-Chilischoten
Salz
frisch gemahlener Pfeffer

Ein einfacher Fischeintopf mit Weltruf! Dongo-Dongo ist das Lieblingsgericht der Schönen und Mächtigen in der Zentralafrikanischen Republik. Die Zubereitung kann variieren, je nachdem welche Zutaten gerade vorhanden sind. Der Fisch bleibt aber die Grundlage dieses Gerichts.

Die Fische waschen und trocken tupfen. Dann jeden Fisch quer halbieren. Die Zwiebeln und den Knoblauch schälen und in kleine Würfel schneiden. Die Auberginen längs halbieren.

Das Öl in einem großen Topf erhitzen und den Fisch darin von beiden Seiten etwa 5 Minuten braten. Die Okra- und die Chilischoten auf den Fisch legen, mit Salz und Pfeffer würzen und 100 ml Wasser angießen. Den Topf möglichst luftdicht verschließen und den Eintopf 30 Minuten bei kleiner Hitze garen.

Mit Reis oder gekochtem Maniok servieren.

Zubereitungstipp für Okraschoten: Die Okraschoten vor der Zubereitung in Essig- oder Zitronenwasser waschen, damit sie nicht schleimig werden. Oder zusammen mit Tomaten kochen.

Madagaskar

Sauce de mangue au poisson

Viktoriabarschfilet mit Mangosauce

1 kg Viktoriabarschfilets
1 Zwiebel
2 Knoblauchzehen
1 TL frisch geriebener Ingwer oder Ingwerpaste ohne Honig (voodoofood)
2 EL Zitronensaft
200 g püriertes Mangofruchtfleisch, ersatzweise Mangopulpe
50 ml Kokosmilch
½ TL frisch gemahlener Pfeffer
½ TL frisch geriebene Muskatnuss
¼ TL gemahlener Kreuzkümmel
¼ TL Nelkenpulver
½ TL gemahlener Koriander
1 TL Kurkuma oder
1 ½ TL Gemüse Curry (voodoofood)
Salz

Diese Köstlichkeit habe ich sowohl in Sansibar als auch in Madagaskar und Südafrika genossen. Es fällt mir heute noch schwer, einzuordnen, wo ich die beste Zubereitung genießen durfte. Auch wenn es bei der Mango in den drei Ländern geschmacklich kaum Unterschiede gab – der Gewürzmischung merkte man an, dass in Sansibar die kulinarischen Spuren der Inder und Araber größer, ja frischer als in den beiden anderen Ländern sind. Ich war beeindruckt von der Schnelligkeit, mit der diese Sauce zubereitet wurde. Scheinbar wollte die Königin, wie die Mangofrucht liebevoll genannt wird, ihre Gäste nicht lange warten lassen. Diese Sauce kann man übrigens auch zu hellem Fleisch servieren oder als Salatdressing verwenden.

Die Fischfilets in vier Stücke portionieren. Die Zwiebel und den Knoblauch schälen und in kleine Würfel schneiden.

Die Zwiebel und den Knoblauch mit dem Ingwer in dem Zitronensaft und 1 Esslöffel Wasser 3 Minuten bei kleiner Hitze dünsten. Zuerst das Mangopüree, dann die Kokosmilch einrühren und die Gewürze dazugeben. Mit einem Stabmixer pürieren, salzen und warm halten.

Den Fisch leicht salzen und mit wenig Wasser in einer beschichteten Pfanne 5 Minuten dünsten. Mit der Mangosauce anrichten.

Mit Kartoffeln oder Reis servieren.

Senegal

Thiebou Djeun

Fisch mit Gemüse

¼ Kopf Weißkohl
4 Möhren
3 kleine Auberginen
1 Zwiebel
2 Knoblauchzehen
1 kg Meerbrasse, ersatzweise Makrele, küchenfertig
4 EL Öl
3 EL Tomatenmark
1 frische Habanero-Chilischote
1 TL Milder Curry (voodoofood)
Salz
frisch gemahlener Pfeffer
500 g Langkornreis

Wie auch immer dieses Gericht geschrieben oder das Wort ausgesprochen wird, Thiebou Djeun oder Tchepgen bleibt das Nationalgericht der Republik Senegal. Seine Zubereitung hängt von den vorhandenen Zutaten ab, wobei die Variation aus Gemüse und Fisch die beliebteste ist. Mein senegalesischer Freund, mit dem ich beruflich in seiner Heimat unterwegs war, sagte: »Wenn es dieses Gericht nicht schon gegeben hätte, wir Senegalesen hätten es erfunden.«

Den Weißkohl, die Möhren und die Auberginen putzen bzw. schälen und grob würfeln. Die Zwiebel und den Knoblauch schälen und in kleine Würfel schneiden. Den Fisch in Stücke zerteilen.

Das Öl in einer Pfanne erhitzen und den Fisch darin goldbraun braten. Mit einem Schaumlöffel herausheben und warm halten.

Das Gemüse mit der Zwiebel, dem Knoblauch, dem Tomatenmark und der Chilischote in einen Topf geben und 750 ml Wasser angießen. Bei mittlerer Hitze 15 Minuten kochen. Dann den Fisch dazugeben, mit Mildem Curry, Salz und Pfeffer würzen und weitere 5 Minuten köcheln lassen.

Inzwischen den Reis in ein feines Sieb geben und unter fließendem Wasser abspülen. Den Fisch und das Gemüse mit einem Schaumlöffel aus dem Topf heben und warm stellen. Den Reis in den Sud geben und etwa 15 Minuten kochen, eventuell noch etwas heißes Wasser angießen.

Zum Servieren den Reis auf eine große Platte geben und das Gemüse sowie den Fisch darauf verteilen.

Thiebou Djeun

Sambia

Angwala

Gebratener Fisch

Mehl zum Wenden
Salz
1 TL Milder Curry (voodoofood)
2 Seebarsche
2 EL Zitronensaft
5 EL Pflanzenöl
1 Zwiebel
4 Tomaten
1 EL Olivenöl
1 frische rote Chilischote

In einer flachen Schale das Mehl mit Salz und Mildem Curry mischen. Die Fische waschen, trocken tupfen und mit dem Zitronensaft beträufeln. Im gewürzten Mehl wenden, überschüssiges Mehl abklopfen.

Das Öl in einer großen Pfanne erhitzen und die Fische darin auf jeder Seite 5 Minuten braten.

Inzwischen die Zwiebel schälen und in kleine Würfel schneiden. Die Tomaten würfeln.

Das Olivenöl in einer zweiten Pfanne erhitzen. Die Zwiebel, die Tomaten und die Chilischote hineingeben und bei kleiner Hitze dünsten.

Den Fisch mit dem Gemüse anrichten.

Mit Reis servieren.

Marokko, Tunesien

Tajine de poisson

Fisch-Tajine

1 Zwiebel
2 Knoblauchzehen
4 Möhren
1 Zucchino
1 Aubergine
4 Tomaten
500 g Fischfilet, z. B. Seelachs
1 TL Milder Curry (voodoofood)
3 EL Olivenöl
1 EL Tomatenmark
2 TL Grüner Curry (voodoofood)
Salz
1 EL fein gehackte Petersilie

Die Zwiebel und den Knoblauch schälen und in kleine Würfel schneiden. Die Möhren, den Zucchino und die Aubergine schälen bzw. putzen und klein schneiden. Die Tomaten enthäuten und würfeln.

Den Fisch waschen, trocken tupfen, in Stücke schneiden und mit Mildem Curry würzen. Das Olivenöl in einer Tajine oder einer Kasserolle erhitzen und den Fisch darin auf beiden Seiten kurz anbraten. Dann herausheben und beiseitestellen.

Die Zwiebel und den Knoblauch im Bratfett glasig dünsten. Das Tomatenmark einrühren und das Gemüse dazugeben. Mit Grünem Curry und Salz würzen und etwas Wasser angießen. Den Fisch auf das Gemüse legen und zugedeckt etwa 20 Minuten garen. Vor dem Servieren mit Petersilie bestreuen.

Mit Reis servieren.

Ghana

Apofo annto

Ragout vom Hering und Rind

200 g Rindfleisch zum Schmoren
2 Zwiebeln
3 Tomaten
4 grüne Heringe, küchenfertig, ohne Kopf und Schwanz
Salz
1 TL Gemüse Curry (voodoofood)
2 hart gekochte Eier

Als meine europäischen Freunde über die Zusammensetzung (Fleisch und Fisch) dieses Gerichts staunten, wurde mir bewusst, dass ich meiner Esskultur treu geblieben bin, denn die Mischung Fleisch und Fisch in der Sauce hat bei uns Tradition.

Das Rindfleisch in kleine Würfel schneiden. Die Zwiebeln schälen und fein würfeln. Die Tomaten halbieren und in Scheiben schneiden. Die Heringe waschen, trocken tupfen und leicht salzen.

In einen Topf so viel Wasser geben, dass der Boden gut bedeckt ist. Zum Kochen bringen. Das Fleisch, die Zwiebeln und die Tomaten hineingeben, mit Gemüse Curry und Salz würzen. Zugedeckt 10 Minuten köcheln lassen.

Die Heringe dazugeben und weitere 25 Minuten köcheln, bis das Fleisch und der Fisch gar sind und das Ragout eine dickflüssige Konsistenz hat.

Die Eier schälen und in Scheiben schneiden. Das Ragout mit den Eischeiben garnieren und servieren.

Als Beilage gekochte Yams bzw. Kochbananen oder Reis servieren.

Kenia

Barrakuda (lifete)

Barrakuda mit Gemüsebällchen und Kokossauce

250 g Kartoffeln
200 g Blattspinat
100 g gepalte frische Erbsen
500 g Maiskörner aus der Dose
1 l Frittieröl
50 g Mehl
Salz
frisch gemahlener Pfeffer
2 Zwiebeln
1 Knoblauchzehe
500 g Barrakuda (Hornhecht)
3 EL Olivenöl
2 EL fein gehackter Koriander
½ TL Kurkuma
125 ml Kokosmilch

Die Kartoffeln schälen und würfeln. Den Spinat putzen und waschen. Die Kartoffeln, den Spinat und die Erbsen separat garen, abgießen und abkühlen lassen. Dann mit dem abgetropften Mais im Mixer pürieren und zu golfballgroßen Kugeln formen.

Das Öl in einer Fritteuse oder einem hohen Topf auf 175 °C erhitzen. Das Mehl mit Salz und Pfeffer würzen. Die Gemüsekugeln im Mehl wenden und portionsweise im heißen Öl goldbraun frittieren. Die Bällchen kurz auf Küchenpapier abtropfen lassen, dann auf Holzspieße stecken und warm halten.

Die Zwiebeln und den Knoblauch schälen und in kleine Würfel schneiden. Den Fisch in 1 Esslöffel Olivenöl auf beiden Seiten braten. Aus der Pfanne heben und warm halten.

Für die Sauce das restliche Olivenöl erhitzen, die Zwiebeln und den Knoblauch darin glasig anschwitzen. Den Koriander untermischen, mit Kurkuma würzen und die Kokosmilch angießen. 3 Minuten köcheln lassen.

Den Fisch mit den Gemüsespießen auf einer Platte anrichten und mit der Sauce überziehen.

Kamerun

Ragout de poisson

Fischragout

4 Makrelen oder Forellen à 300 g, küchenfertig, ohne Kopf und Schwanz
Salz
1 Gemüsezwiebel
2 Tomaten
3 EL Tomatenmark
3 EL gehackte Petersilie
2 EL Milder Curry (voodoofood)
2 EL Pflanzenöl
2 Lorbeerblätter

Die Fische säubern, trocken tupfen und in große Stücke schneiden. In leicht gesalzenes kochendes Wasser geben, die Hitze reduzieren und den Fisch etwa 10 Minuten garen. Mit dem Schaumlöffel herausheben, abtropfen und etwas abkühlen lassen, dann entgräten.

Die Zwiebel schälen und grob würfeln. Die Tomaten in Stücke schneiden und mit der Zwiebel, dem Tomatenmark, der Petersilie und dem Milden Curry im Mixer pürieren.

Das Öl in einer Pfanne erhitzen und das Zwiebel-Tomaten-Püree darin dünsten. Salzen und die Lorbeerblätter einlegen. Bei kleiner Hitze 10 bis 15 Minuten köcheln lassen, dabei gelegentlich umrühren.

Den Fisch in die Sauce legen und zugedeckt weitere 10 Minuten dünsten.

Mit Reis servieren.

Senegal

Ragout de poisson aux cacahouètes

Fischragout mit Erdnüssen

1 kleiner Kopf Weißkohl (etwa 500 g)
Salz
1 kg Fisch mit festem Fleisch
200 g Räucherfisch
2 große Zwiebeln
200 g gemahlene Erdnüsse
½ TL Chilipulver

Den Kohlkopf putzen und im Ganzen in Salzwasser etwa 1 Stunde kochen. Dann gut abtropfen und etwas abkühlen lassen.

Den Fisch säubern und in große Stücke schneiden, den Räucherfisch klein schneiden. Die Fische in etwas Wasser zum Kochen bringen und bei kleiner Hitze 20 Minuten garen.

Inzwischen den Weißkohl vierteln, den Strunk entfernen und den Kohl grob hacken. Die Zwiebeln schälen und in kleine Würfel schneiden.

Die gemahlenen Erdnüsse und die Zwiebeln unter den Fisch mischen, mit Chilipulver und Salz würzen. Den Kohl untermischen und weitere 15 bis 20 Minuten zugedeckt köcheln lassen. Eventuell etwas Wasser nachgießen.

Mit Couscous oder Reis servieren.

Nigeria

Boulettes de poisson

Fischbällchen

Für 6 Personen

1 kg Fischfilet (z. B. Brassen)
Salz
4 EL Butter
4 EL Mehl
500 ml Milch
1–2 TL frisch gepresster Zitronensaft
1 EL Milder Curry (voodoofood)
1 Prise Chilipulver (voodoofood)
2 Eier
5 EL Paniermehl
½ l Erdnussöl
1 EL fein gehackte Petersilie

Den Fisch in leicht gesalzenes, kochendes Wasser legen und bei kleiner Hitze 10 Minuten garen. Dann herausheben und gut abtropfen lassen.

Die Butter in einem Topf zerlassen, das Mehl einrühren und hellgelb anschwitzen. Die Milch unter Rühren angießen und die Sauce einkochen lassen, dabei immer wieder umrühren. Mit Salz und Zitronensaft würzen.

Den Fisch zerteilen, in die Sauce geben, mit Mildem Curry und Chilipulver würzen. Kräftig rühren und so lange weiterköcheln lassen, bis die Masse eine breiige Konsistenz hat. Nochmals mit Salz abschmecken, vom Herd nehmen und abkühlen lassen.

Die Eier in einem tiefen Teller verquirlen, das Paniermehl in einen zweiten Teller geben. Aus der Fischmasse Bällchen formen und zuerst im Ei, dann im Paniermehl wenden.

Das Öl in einer tiefen Pfanne erhitzen und die Bällchen darin goldbraun ausbacken. Kurz auf Küchenpapier abtropfen lassen. Vor dem Servieren mit der Petersilie bestreuen.

Mit Weißbrot und Salat servieren.

Marokko

Tajine bil samak

Seeteufel-Tajine

2 Knoblauchzehen
1 Bund Koriander
1 TL Salz
Saft von einer Zitrone
1 EL Olivenöl
2 TL Harissa Tuareg (voodoofood)
1 kg Seeteufelfilets
14 kleine Kartoffeln
Salz
3 Knoblauchzehen
2 grüne Paprikaschoten
4 EL Olivenöl
12 Kirschtomaten
frisch gemahlener Pfeffer
120 g schwarze Oliven ohne Stein

Für die Chermula den Knoblauch schälen und grob würfeln. Den Koriander waschen, trocken schütteln und die Blätter abzupfen. Den Knoblauch in einen großen Mörser geben und mit dem Salz zermahlen. Die Korianderblätter und die restlichen Zutaten nach und nach unterarbeiten und alles zu einer sämigen Paste verarbeiten.

Den Fisch waschen, trocken tupfen und in kleine Stücke schneiden. In eine Auflaufform legen und die Chermula bis auf einen Rest darüber verteilen. Zugedeckt im Kühlschrank 1 Stunde ziehen lassen.

Inzwischen die Kartoffeln schälen und in Salzwasser halb gar kochen. Abgießen und halbieren.

Den Knoblauch schälen und in kleine Würfel schneiden. Die Paprikaschoten halbieren, entkernen und in Streifen schneiden.

Die Hälfte des Olivenöls in einer Tajine oder Kasserolle erhitzen und den Knoblauch darin glasig werden lassen. Die Kartoffeln, die Kirschtomaten und die Paprikaschoten dazugeben. Mit der restlichen Chermula, Salz und Pfeffer würzen.

Den Fisch und die Oliven auf dem Gemüse verteilen. Anschließend mit dem restlichen Olivenöl beträufeln und etwas Wasser angießen. Zugedeckt etwa 15 Minuten dünsten.

Dazu frisches Weißbrot reichen.

Geflügel

Senegal

Auch wenn diese schmackhafte Speise überall in Westafrika zu finden ist, zu Hause ist sie im Kasamanz. Hier ist sie fester Bestandteil der regionalen Esskultur und leicht nachzukochen.

Yassa

Marinierte Poularde

1 Poularde
6 Zwiebeln
125 ml frisch gepresster Limettensaft, ersatzweise Zitronensaft
½ TL Cayennepfeffer
Salz
3 EL scharfer Senf
frisch gemahlener Pfeffer
3 EL Erdnussöl

Die Poularde waschen, trocken tupfen, in 8 Stücke zerteilen und in eine Schüssel legen.

Die Zwiebeln schälen und in kleine Würfel schneiden. Mit dem Limettensaft, Cayennepfeffer und Salz zu einer Marinade verrühren. Die Marinade über die Poularde verteilen und das Fleisch darin zugedeckt bei Zimmertemperatur etwa 30 Minuten marinieren.

Die Fleischstücke aus der Marinade heben, in eine Schale legen und mit dem Senf bestreichen. Mit Salz und Pfeffer würzen und weitere 15 Minuten ziehen lassen.

Das Öl in einer tiefen Pfanne erhitzen und das Fleisch darin goldbraun anbraten.

Die Marinade in einen Topf umfüllen und erhitzen. Das Fleisch dazugeben, eventuell etwas Wasser angießen. Bei kleiner Hitze 10 Minuten garen.

Mit Reis servieren.

Kamerun

Milla's Secret

Millas Geheimnis

1 frisches Brathähnchen
1 EL geschälte Pépé-Samen
1 EL Djansan (ersatzweise Kürbiskerne oder Mandeln)
1 TL weiße Pfefferkörner
Salz
2 EL Erdnussöl

Das Rezept ist Roger Milla, einem berühmten Sohn Kameruns, gewidmet. Der Fußballspieler mit dem unvergesslichen Ballgefühl hat mit seinen schönen Toren seine Heimat bei der Weltmeisterschaft 1994 bis in das Viertelfinale geführt. Das sinnliche Aroma der Gewürze, deren Zusammensetzung eine zentralafrikanische Spezialität ist, wird nicht nur für einen kurzen Augenblick Ihre Geschmackssinne erwecken. Sie werden genau wie ich dieses Gericht nicht so schnell vergessen.
Im Übrigen: Pépé-Samen sind Ölnüsse – eine Art wilde Muskatnuss, die vorwiegend Fischgerichte würzt. Djansan oder Njangsa ist ebenfalls eine afrikanische Ölnuss. Sie wird als Gewürz oder Bindemittel verwendet.

Das Hähnchen waschen, trocken tupfen und in Portionsstücke zerteilen. Die Pépé-Samen, das Djansan und die Pfefferkörner in einer beschichteten Pfanne ohne Fett 1 Minute bei großer Hitze rösten, damit sich die Aromen besser entfalten. Dann in einem Mörser mit etwas Salz fein zerstoßen.

Die Hähnchenteile mit der Gewürzmischung einreiben, nebeneinander in eine mit etwas Öl eingefettete feuerfeste Form legen und etwa 15 Minuten bei Zimmertemperatur ziehen lassen. Den Backofen auf 180 °C vorheizen.

Das Fleisch mit dem restlichen Öl bestreichen und im heißen Ofen etwa 45 Minuten braten.

Mit Kochbananen, Yamswurzel, Reis oder Brot servieren.

In Kamerun schwört man auf diese Gewürzmischung, die auch für Fischgerichte geeignet ist. Man kann sie auch durch eine Berbere-Gewürzmischung (voodoofood) ersetzen.

Ägypten

Riz aux amandes

Mandelreis mit Hühnerleber

500 g Langkornreis
3 EL Pflanzenöl
1 l Hühnerbrühe
½ TL Charme du Café (voodoofood)
Salz
750 g Hühnerleber, ersatzweise Putenleber
50 g Rosinen
½ TL Roter Curry (voodoofood)
100 g geschälte Mandeln

Den Reis in ein Sieb geben, unter fließendem Wasser waschen und abtropfen lassen.

In einem Topf 1 Esslöffel Öl erhitzen und den Reis darin glasig dünsten. Mit der Hühnerbrühe aufgießen, zum Kochen bringen und mit Charme du Café und Salz würzen. Bei kleiner Hitze zugedeckt etwa 15 Minuten garen, eventuell noch etwas Wasser nachgießen.

Die Hühnerleber im restlichen Öl anbraten. Mit den Rosinen unter den Reis mischen, Roten Curry unterrühren und weitere 10 Minuten bei kleiner Hitze zugedeckt ziehen lassen.

Die Mandeln in einer Pfanne ohne Fett goldbraun rösten. Den Reis anrichten und mit den Mandeln garnieren.

Riz aux amandes

Canard de Zanzibar

Canard de Zanzibar

Sansibar-Ente

1 frische Bauernente
Salz
3 EL Pflanzenöl
200 ml Hühnerfond
3 Gewürznelken
1 TL Zanzibar Curry (voodoofood)
1 rote Paprikaschote
250 ml Orangensaft
Saft von 1 Zitrone

Die Ente waschen und trocken tupfen. Das sichtbare Fett entfernen und die Ente innen und außen mit Salz einreiben. Mit einer Gabel die Haut an mehreren Stellen einstechen. Den Backofen auf 175 °C vorheizen.

In einem Bräter das Öl erhitzen und die Ente darin von allen Seiten braun anbraten. Dann die Ente aus dem Bräter heben und auf einem Rost etwas abtropfen lassen. Das überschüssige Fett aus dem Bräter abgießen.

Die Hälfte des Hühnerfonds in den Bräter gießen, zum Kochen bringen und den Bratensatz lösen. Mit Gewürznelken und Zanzibar Curry würzen und die Ente wieder hineinsetzen. Im heißen Ofen etwa 1 Stunde braten. Dann die Gewürznelken entfernen.

Die Paprikaschote halbieren, entkernen und in kleine Würfel schneiden. Den restlichen Hühnerfond mit dem Orangen- und Zitronensaft sowie den Paprikawürfeln zum Kochen bringen und zur Ente geben. Weitere 15 Minuten im Ofen garen.

Mit Reis oder gekochten Kartoffeln servieren.

Senegal

Poulet au mafé

Poularde mit Erdnusssauce

1 Poularde
5 Schalotten
5 EL Erdnussöl
1 frische Habanero-Chilischote
3 Lorbeerblätter
1 EL Tomatenmark
150 g Erdnusscreme
1 TL Roter Curry (voodoofood)
frisch gemahlener schwarzer Pfeffer
¼ TL Paprikapulver
Salz

Verführt von der Schönheit der Senegalesinnen und den köstlichen Speisen von Dakar, ließen sich die französischen Kolonialisten in der schönsten Region Afrikas nieder. Dakar wurde die Hauptstadt und der Sitz der Kolonialverwaltung des französischen Afrikas.

Die Poularde waschen, trocken tupfen und in 4 Stücke zerteilen. Die Schalotten schälen und in kleine Würfel schneiden.

Das Öl in einem Topf erhitzen. Das Fleisch und die Schalotten darin 3 bis 5 Minuten anbraten. 500 ml Wasser angießen, die Chilischote und die Lorbeerblätter einlegen. 15 Minuten zugedeckt kochen lassen, dann das Tomatenmark einrühren.

Etwas Brühe abnehmen und mit der Erdnusscreme verquirlen. In die Sauce rühren, mit Rotem Curry, Pfeffer, Paprikapulver und Salz würzen. Bei mittlerer Hitze weitere 15 bis 20 Minuten köcheln lassen, bis sich auf der Saucenoberfläche eine Ölschicht absetzt.

Mit Couscous oder Reis servieren.

Poulet au mafé

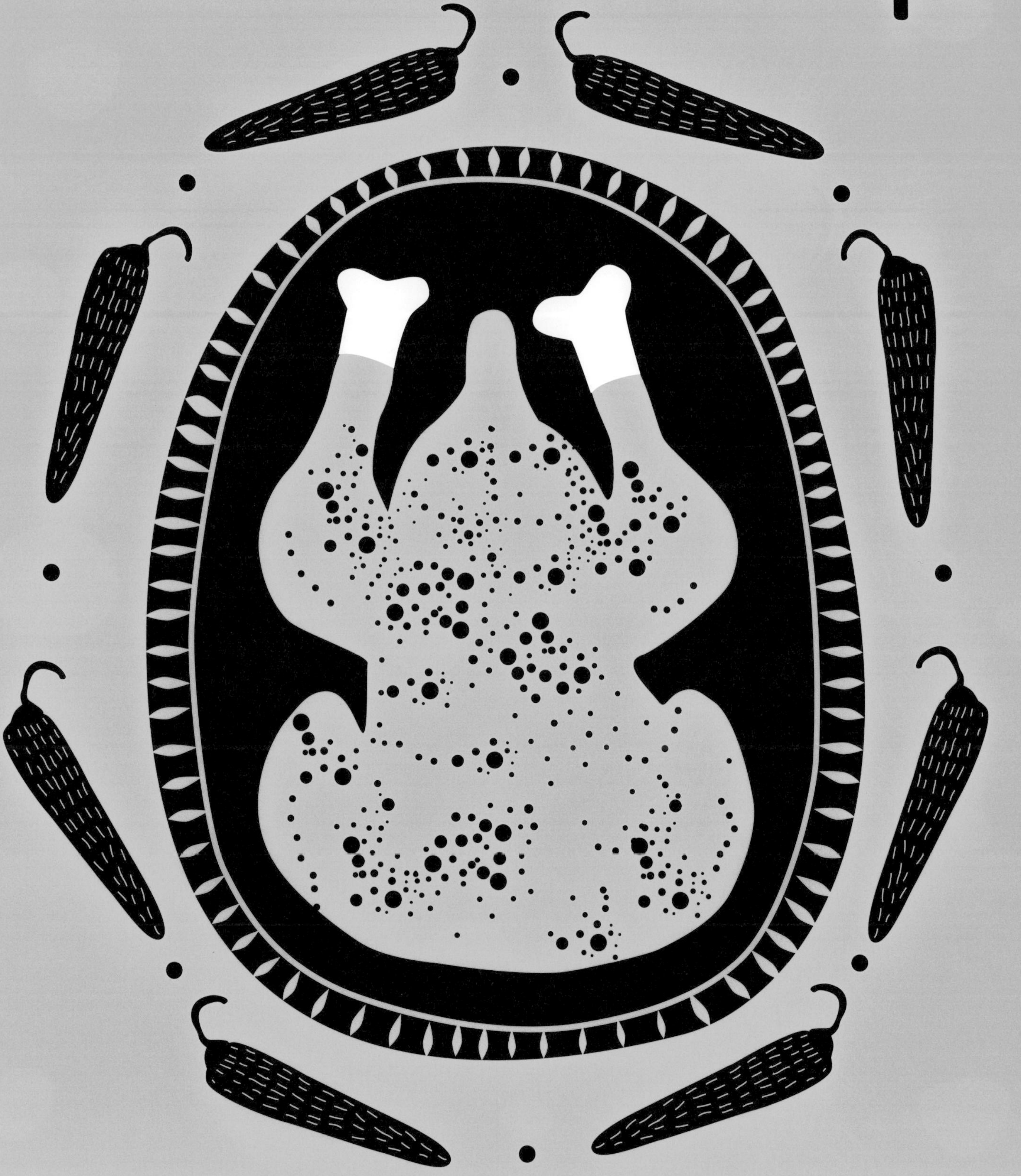

Sosatie

Südafrika

Sosatie

Straußenfleisch am Spieß

1 kg Straußenfleisch
2 rote Paprikaschoten
1 grüne Paprikaschote
200 g getrocknete Aprikosen
3 EL Olivenöl
3 EL frisch gepresster Zitronensaft
1 EL Zanzibar Curry (voodoofood)
Salz
2 EL Tomatenkonfitüre (voodoofood)
250 ml Weißwein
1 EL Weißweinessig
20 g Butter
frisch gemahlener Pfeffer

Das Fleisch in mundgerechte Stücke schneiden, Paprika putzen, entkernen und in Streifen schneiden. Abwechselnd Fleisch, Aprikosen und Paprika auf Spieße stecken. Dann in eine Schale legen.

Olivenöl, Zitronensaft, Zanzibar Curry und Salz verrühren und über die Spieße verteilen. Die Spieße in dieser Marinade etwa 4 Stunden ziehen lassen, dabei mehrmals wenden.

Für die Sauce die Tomatenkonfitüre, den Weißwein, den Weinessig und etwas Salz verrühren. In einem Topf bei kleiner Hitze einkochen lassen. Zuletzt die Butter unterziehen und die Sauce mit Salz und Pfeffer abschmecken.

Die Spieße auf dem heißen Grill etwa 10 Minuten von allen Seiten braten. Die Sauce getrennt dazu reichen.

Mit Weißbrot servieren.

Poulet braisé aux piments haitiens

Hähnchen vom Grill mit Habanero-Sauce

1 Brathähnchen
4 EL Pflanzenöl
Salz
frisch gemahlener Pfeffer
2 frische Habanero-Chilischoten
1 Zwiebel
1 Knoblauchzehe
1 Tomate
Salz
1 TL Tomatenmark
3 EL Olivenöl

Das Hähnchen waschen, trocken tupfen und in Stücke zerteilen. Die Hähnchenteile in eine Schale legen.

Das Öl mit Salz und Pfeffer zu einer Marinade verrühren und das Fleisch damit bestreichen. Zugedeckt 1 Stunde bei Zimmertemperatur ziehen lassen.

Für die Sauce die Chilischoten fein hacken (dazu Küchenhandschuhe tragen, die Schoten sind sehr scharf). Die Zwiebel und den Knoblauch schälen und in kleine Würfel schneiden. Die Tomate ebenfalls würfeln. Alles zusammen mit Salz, dem Tomatenmark und dem Olivenöl im Mixer pürieren.

Die Hähnchenteile auf dem heißen Grill garen. Mit der scharfen Sauce anrichten.

Frittierte Süßkartoffelscheiben oder Aloko (siehe Seite 36) dazu servieren.

Poulet braisé aux piments haitiens

Kédjénou

Elfenbeinküste

Kédjénou

Huhn Kédjénou

Dieses Rezept ist typisch ivorisch, genauer gesagt stammt es aus dem Süden der Republik Elfenbeinküste, wo die stolzen Völker der Ebrié, Adjoukrou und Alladjan zu Hause sind. Der Originaltopf für die traditionelle Zubereitung ist aus Lehm. Er wird mit Bananenblättern fest verschlossen.

2 Tomaten
2 Zwiebeln
3 Knoblauchzehen
Salz
1 großes Huhn (etwa 1 ½ kg)
1 frische Habanero-Chilischote
1 Lorbeerblatt

Die Tomaten enthäuten und würfeln. Die Zwiebeln und den Knoblauch schälen und ebenfalls in Würfel schneiden. Alles im Mixer pürieren und die Paste salzen.

Das Huhn waschen, trocken tupfen und in vier Stücke zerteilen. Die Hühnerteile in der Paste wenden. Mit der Chilischote und dem Lorbeerblatt in einen großen Topf legen und den Topf möglichst luftdicht verschließen. Bei kleiner Hitze 45 Minuten garen. Den Topf während dieser Zeit öfter kräftig rütteln, um das Huhn zu wenden, ohne den Deckel zu heben.

Dazu passt Reis.

Marokko

Tajine de poulet aux citrons

Hähnchen-Tajine
mit getrockneten Zitronen

1 Brathähnchen (etwa 1 kg)
1 TL Berbere (voodoofood)
Salz
2 Zwiebeln
4 Knoblauchzehen
3 EL Olivenöl
100 g grüne Oliven
1 getrocknete, unbehandelte und gehackte Zitrone

Als ich auf Festivals mit dem Verkauf von Gewürzen begann, wurde ich als Exot betrachtet. Besonders ausgefallen schien mein Angebot von getrockneten Zitronen zu sein. Dabei sind in Rabat, woher dieses Rezept stammt, getrocknete Zitronen in der Küche eine ganz normale Zutat.

Das Hähnchen waschen und trocken tupfen. Mit der Gewürzmischung und Salz einreiben.

Die Zwiebeln und den Knoblauch schälen und in kleine Würfel schneiden. In einem großen Topf das Öl erhitzen, die Zwiebeln und den Knoblauch darin leicht bräunen. Das Hähnchen auf die Zwiebeln setzen und mit Wasser bedecken. 30 Minuten zugedeckt kochen.

Die Oliven und die Zitrone hinzufügen. Bei kleiner Hitze weitere 30 Minuten offen köcheln lassen. Dann das Huhn herausheben und die Sauce entfetten.

Mit Brot oder Couscous servieren.

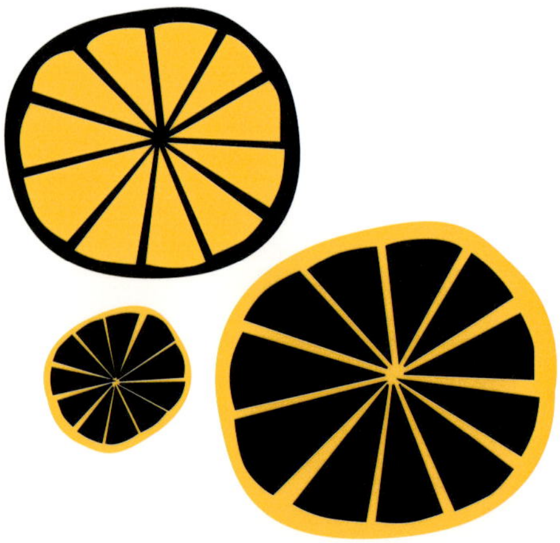

Mali

Boulettes de pintade

Perlhuhnklößchen mit Kürbiskernen

1 Perlhuhn
2 Zwiebeln
2 Knoblauchzehen
4 Tomaten
200 g gemahlene Kürbiskerne
2 EL fein gehackte Petersilie
1 TL Lustgewürz (voodoofood)
Salz
frisch gemahlener Pfeffer
1 EL Pflanzenöl
1 l Erdnussöl

Perlhühner erhielten ihren Namen wegen der weißen Tupfen auf ihrem dunkelgrauen Gefieder, die an Perlen erinnern.
Bereits im Mittelalter führten die Portugiesen Helmperlhühner aus den Kolonien in Westafrika als Haustiere in Europa und Amerika ein. Daher heißen diese Vögel im Englischen immer noch »Guinea-Fowl«. Alle heutigen bekannten Rassen stammen vom westafrikanischen Helmperlhuhn ab.

Das Perlhuhn waschen, trocken tupfen und in Stücke zerteilen. Die Haut entfernen und das Fleisch von den Knochen lösen. Die Zwiebeln und den Knoblauch schälen und würfeln. Die Tomaten ebenfalls in Würfel schneiden.

Das Fleisch zusammen mit den Kürbiskernen, der Petersilie, der Hälfte der Zwiebeln und den Knoblauchzehen durch den Fleischwolf drehen. Mit Lustgewürz, Salz und Pfeffer würzen.

Für die Sauce die restlichen Zwiebeln und die Tomaten im heißen Pflanzenöl leicht andünsten. Mit 250 ml Wasser aufgießen und bei kleiner Hitze 10 Minuten köcheln lassen. Mit Salz und Pfeffer würzen.

Das Erdnussöl in einer tiefen Pfanne erhitzen. Aus der Fleischmasse mit leicht angefeuchteten Händen kleine Klößchen formen. Portionsweise im Öl rundum goldbraun frittieren. Kurz auf Küchenpapier abtropfen lassen und warm stellen, bis alle Klößchen fertig ausgebacken sind.

Die Klößchen mit der Tomantensauce servieren. Dazu Reis, Kochbananen oder Brot reichen.

Burkina Faso

Pintade-Pistache

Perlhuhn mit Kürbiskernsauce

1 Perlhuhn
1 Zwiebel
1 Knoblauchzehe
3 EL Erdnussöl
2 TL Tomatenmark
1 frische rote Chilischote
150 g Kürbiskerncreme
125 ml heiße Fleischbrühe
Salz
frisch gemahlener Pfeffer

Die Kürbiskernsauce und die Erdnusssauce gehören zu den beliebtesten Saucen der Burkinabés, wie die Einwohner der Republik von Burkina Faso genannt werden. Frau Ouedraogo, in deren kleiner Pension ich in Bobodioulasso wohnte, hat das Geheimnis dieser Saucenzubereitung von ihrer Mutter geerbt, wie schon vor ihr ihre Mutter von deren Großmutter. Deshalb bin ich dankbar, dass ich dieses Rezept für meine Leser aufschreiben durfte.
Pintade-Pistache ist in Afrika ein fester Begriff für das Gericht, auch wenn Kürbiskerne verwendet werden. Pistache nennt man alle essbaren Kerne.

Das Perlhuhn waschen, trocken tupfen und in Portionsstücke zerteilen. Die Zwiebel und den Knoblauch schälen und würfeln.

Das Öl in einem Topf erhitzen, das Fleisch, die Zwiebel und den Knoblauch dazugeben und leicht anbraten. 500 ml Wasser angießen, das Tomatenmark einrühren und die Chilischote zufügen. Etwa 40 Minuten zugedeckt bei mittlerer Hitze garen.

Etwas Brühe abnehmen, mit der Kürbiskerncreme verrühren und wieder zum Fleisch geben. Die Sauce weitere 10 Minuten bei kleiner Hitze offen köcheln lassen, dann mit Salz und Pfeffer abschmecken.

Dazu passt am besten Reis.

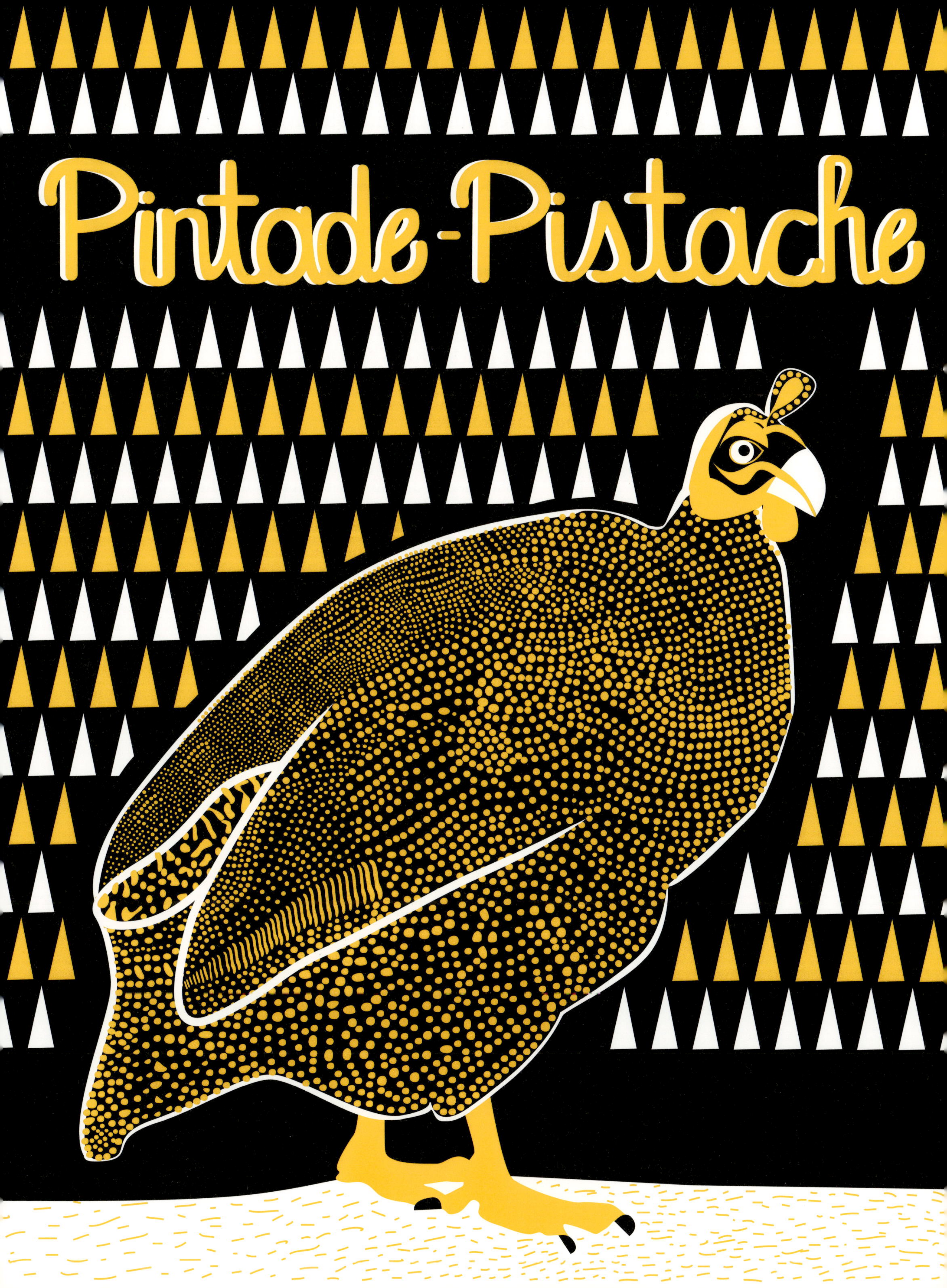
Pintade-Pistache

Senegal

Thiebou Yap

Hähnchen mit Reis und Oliven

Für die Würzmischung (Nokos):
1 gehackte Knoblauchzehe
1 Brühwürfel
getrocknete Chilischoten (Menge nach Geschmack)
Salz | grob geschroteter schwarzer Pfeffer

Für das Hähnchen:
1 großes Brathähnchen
2 in Ringe geschnittene Zwiebeln
2 EL Pflanzenöl
1 frische rote Chilischote
500 g Langkornreis
100 g entsteinte grüne Oliven

Den Knoblauch mit den übrigen Zutaten für die Würzmischung in einem Mörser zermahlen. Das Hähnchen waschen, trocken tupfen und in Portionsstücke zerteilen. Mit einem spitzen, scharfen Messer kleine Einschnitte in die Haut ritzen und etwas Würzmischung hineinstreichen.

Das Öl in einem großen Topf erhitzen und die Hähnchenteile darin von allen Seiten goldbraun anbraten. Dann herausnehmen und beiseitestellen.

Die Zwiebeln in dem Bratöl goldgelb braten. 1 Liter Wasser angießen und zum Kochen bringen. Die Hähnchenteile einlegen und zugedeckt bei mittlerer Hitze 20 bis 30 Minuten garen. Die restliche Würzmischung einrühren und die Chilischote dazugeben.

Den Reis in einen Dämpfeinsatz geben und unter fließendem Wasser waschen. Anschließend den Reis in wenig Wasser etwa 10 Minuten vorgaren.

Die Hähnchenteile aus der Sauce nehmen. Zwei große Tassen der Sauce beiseitestellen. Den vorgegarten Reis in den Topf zur restlichen Sauce geben und fertig garen. Am Ende der Garzeit sollte die Flüssigkeit aufgesogen sein.

Den Reis pyramidenförmig auf einer Platte anrichten und mit den Geflügelteilen umlegen. Mit der erwärmten Sauce übergießen und mit den Oliven garnieren.

Marokko

Tajine djaj bi zaytun wal hamid

Hähnchen-Tajine mit Oliven und eingelegten Zitronen

1 Poularde (etwa 1,3 kg)
3 Knoblauchzehen
Salz
Saft von einer Zitrone
1 Bund Koriander
25 g frischer Ingwer (oder 1 TL Ingwerpaste mit Honig von voodoofood)
1 große Zwiebel
2 EL Olivenöl
1 Msp Safranpulver
1 Zimtstange
200 g grüne Oliven ohne Kern
2 eingelegte Zitronen, klein gehackt
30 g Butter

Die Poularde waschen und trocken tupfen. Den Knoblauch schälen, würfeln und in einem Mörser mit etwas Salz zermahlen, dann den Zitronensaft untermischen. Die Poularde innen mit dieser Mischung einpinseln. Den Koriander in die Bauchhöhle legen.

Den Ingwer und die Zwiebel schälen, fein reiben und mit dem Öl und dem Safran gut vermischen. Die Poularde außen damit bestreichen und etwa 1 Stunde zugedeckt im Kühlschrank ziehen lassen.

Den Backofen auf 180 °C heizen. Die Poularde mit der Marinade in eine große Tajine oder Kasserolle geben und so viel Wasser angießen, bis die Poularde zur Hälfte im Wasser liegt. Die Zimtstange hineingeben. Zum Kochen bringen, dann vom Herd nehmen und die Tajine verschließen. Im heißen Ofen etwa 1 Stunde garen, dabei die Poularde gelegentlich wenden.

Die Poularde aus der Tajine heben. Den Bratensaft etwas einkochen lassen. Die Poularde wieder hineinlegen, die Oliven und die Zitronen zufügen. Die Butter in Flöckchen auf die Poularde setzen. Ohne Deckel weitere 15 bis 20 Minuten im Ofen garen.

Mit Couscous oder Weißbrot servieren.

Poulet au gingembre

Elfenbeinküste

Poulet au gingembre

Ingwerhähnchen am Spieß

4 Hähnchenkeulen und -brüste
2 Knoblauchzehen
25 g frischer Ingwer oder 1 TL Ingwerpaste ohne Honig (voodoofood)
1 Bund Koriander
1 EL Zitronensaft
Salz
3 TL Gemüse Curry (voodoofood)

Das Fleisch waschen und trocken tupfen.

Den Knoblauch und den Ingwer schälen, den Koriander waschen und trocken schütteln. Die Blätter ohne grobe Stiele fein hacken. Den Knoblauch würfeln, den Ingwer reiben. Alles mit dem Zitronensaft, Salz und Gemüse Curry vermischen.

Die Hähnchenteile mit der Marinade bestreichen, in eine Schale legen und die restliche Marinade darüber verteilen. Etwa 1 Stunde ziehen lassen, dabei mehrmals in der Marinade wenden.

Die Hähnchenteile auf dem heißen Grill auf beiden Seiten knusprig garen.

Zum Ingwerhähnchen passen frischer Salat und Reis, Yamsragout (siehe Seite 50) oder Kochbananen.

Äthiopien

Doro Wat

Hähnchenbrust mit Zitrone

4 Hähnchenbrüste
Salz
Saft von einer Zitrone
2 Zwiebeln
2 Knoblauchzehen
25 g frischer Ingwer
2 EL Butterschmalz
2 TL Berbere (voodoofood)
4 hart gekochte Eier

Die Hähnchenbrüste waschen und trocken tupfen. Dann salzen, in eine Schale legen und mit dem Zitronensaft beträufeln. Etwas ziehen lassen. Die Zwiebeln, den Knoblauch und den Ingwer schälen und fein würfeln.

Das Butterschmalz in einer Kasserolle erhitzen. Die Zwiebeln und den Knoblauch darin glasig anschwitzen. Den Ingwer und 1 Teelöffel Berbere dazugeben. Bei kleiner Hitze kurz anrösten. Mit 500 ml Wasser ablöschen und 5 Minuten köcheln lassen.

Das Fleisch in die Sauce legen und 15 Minuten zugedeckt garen.

Die Eier pellen, mit einer Gabel einstechen und zum Fleisch geben. Weitere 10 bis 15 Minuten köcheln. Die Sauce mit Berbere abschmecken.

Mit Reis oder Couscous servieren.

Marokko

K'dra djaj

Poularde K'dra mit Kichererbsen

1 Poularde
6 Zwiebeln
250 g gekochte Kichererbsen (aus der Dose)
1 Zimtstange
einige Safranfäden
Salz
frisch gemahlener Pfeffer
4 EL Butter
2 EL fein gehackte Petersilie
1 EL Olivenöl
125 g geschälte Mandeln
einige Zitronenspalten

Die Poularde waschen, trocken tupfen und in 6 Stücke zerteilen. In eine Tajine oder einen großen Schmortopf legen. 2 Zwiebeln schälen, würfeln und dazugeben. Die Kichererbsen und die Zimtstange zufügen, mit Safran, Salz und Pfeffer würzen und so viel Wasser angießen, bis alle Zutaten bedeckt sind. Zum Kochen bringen, die Hitze reduzieren und die Tajine verschließen. Zugedeckt etwa 1 Stunde köcheln lassen.

Die restlichen Zwiebeln schälen und in kleine Würfel schneiden. Mit 3 Esslöffeln Butter und 1 Esslöffel Petersilie zur Poularde geben. Anschließend weitere 40 Minuten schmoren, bis kaum noch Flüssigkeit vorhanden ist.

In einer Pfanne das Öl mit der restlichen Butter erhitzen. Die Mandeln darin bei mittlerer Hitze unter ständigem Rühren leicht bräunen.

Die Mandeln und die restliche Petersilie auf dem Gericht verteilen. Mit den Zitronenspalten garnieren.

Mit Weißbrot oder Couscous servieren.

Akpessi

Yamstopf mit Huhn

1 Brathähnchen
2 Zwiebeln
Salz
frisch gemahlener Pfeffer
1 kg Yamswurzeln
125 ml Palmöl
2 EL Tomatenmark

Das Hähnchen waschen, trocken tupfen und in kleine Stücke zerteilen. Die Zwiebeln schälen und würfeln. Alles in einen Topf geben, mit Salz und Pfeffer würzen und mit Wasser bedecken. 1 Stunde bei kleiner Hitze garen.

Die Yamswurzeln schälen und in feine Scheiben schneiden. Das Palmöl, das Tomatenmark und die Yamswurzeln zum Fleisch geben und weitere 10 Minuten köcheln lassen.

Das Fleisch aus der Sauce heben und warm halten. Einige Scheiben Yamswurzel und etwas Tomatensauce herausnehmen, pürieren und wieder zur Sauce geben.

Die Hähnchenteile mit der Sauce anrichten.

Zum Eintopf Weißbrot servieren.

Mauretanien

Dschadsch

Zwiebelhähnchen

1 Brathähnchen
500 g Zwiebeln
50 g Butter
200 g gekochte Kichererbsen (aus der Dose)
Salz
frisch gemahlener Pfeffer

Das Hähnchen waschen, trocken tupfen und in kleine Stücke zerteilen. Die Zwiebeln schälen und in Ringe schneiden.

Die Butter in einem Topf erhitzen und die Zwiebeln darin glasig anschwitzen. Die Kichererbsen dazugeben und die Hähnchenteile darauflegen. Mit Salz und Pfeffer würzen und 10 Minuten zugedeckt garen.

Mit 250 ml Wasser ablöschen und weitere 20 Minuten zugedeckt bei mittlerer Hitze schmoren.

Weißbrot oder Fladenbrot dazu reichen.

Liberia

Chicken with black beans

Hähnchenbrust mit schwarzen Bohnen

120 g schwarze Bohnen
8 Schalotten
2 Knoblauchzehen
1 Paprikaschote
4 Hähnchenbrustfilets
Salz
Mehl zum Wenden
2 EL Pflanzenöl
1 frische rote Chilischote
1 bis 2 TL Abrieb einer unbehandelten Orange
200 ml Rotwein
500 ml Hühnerbrühe
1 TL Zucker

Die Bohnen über Nacht in Wasser einweichen. Am nächsten Tag abgießen und abtropfen lassen. Anschließend in Wasser etwa 2 Stunden kochen.

Die Schalotten und den Knoblauch schälen. 4 Schalotten und den Knoblauch fein hacken. Die Paprikaschote halbieren, entkernen und in Streifen schneiden. Die Hähnchenbrüste in schmale Streifen schneiden, salzen und in Mehl wenden.

Das Öl in einer tiefen Pfanne erhitzen und das Fleisch rundum anbraten. Die ganzen Schalotten und die Schalottenwürfel dazugeben und 10 Minuten unter Wenden braten. Anschließend aus der Pfanne nehmen und beiseitestellen.

Die Paprikaschote im Bratöl anrösten, den Knoblauch, die Chilischote und die Bohnen dazugeben. Mit Orangenschale und Salz würzen. 5 Minuten braten, dann mit dem Rotwein ablöschen und die Hühnerbrühe angießen.

Das Fleisch und die Schalotten in die Sauce geben, den Zucker einrühren. Zugedeckt 20 Minuten bei kleiner Hitze köcheln lassen.

Gekochte Yams bzw. Gemüsebananen oder Maniok dazu servieren.

Créole jambalaya

Kreolischer Reiseintopf

400 g Hühnerbrustfilets
150 g Dörrfleisch
200 g Knollensellerie
1 Zwiebel
2 Knoblauchzehen
1 Paprikaschote
1 EL Butter
2 EL Tomatenmark
Salz
2 TL Zanzibar Curry (voodoofood)
500 ml Brühe
250 g Langkornreis

Die Hühnerbrüste waschen, trocken tupfen und in mundgerechte Stücke schneiden. Das Dörrfleisch in kleine Würfel schneiden. Den Sellerie, die Zwiebel und den Knoblauch schälen und ebenso in kleine Würfel schneiden. Die Paprikaschote halbieren, entkernen und in Streifen schneiden.

Die Butter erhitzen und das Fleisch anbraten. Die Zwiebel, den Knoblauch und den Sellerie dazugeben und kurz anrösten. Die Paprikastreifen zufügen und alles bei kleiner Hitze 10 Minuten dünsten. Das Dörrfleisch und das Tomatenmark untermischen. Mit Salz und Zanzibar Curry würzen, mit der Brühe ablöschen und einmal aufkochen.

Den Reis einrühren und so viel Wasser angießen, dass der Reis bedeckt ist. Bei mittlerer Hitze 30 Minuten garen.

Elfenbeinküste

Ragout de courges au poulet

Kürbiseintopf mit Huhn

1 kg Kürbis
1 Brathähnchen
1 Zwiebel
2 EL Pflanzenöl
1 TL Zucker
1 Stück Schale einer unbehandelten Orange
1 TL Berbere (voodoofood)

Den Kürbis in Spalten schneiden, schälen, entkernen und würfeln. Das Hähnchen waschen, trocken tupfen und in kleine Stücke zerteilen. Die Zwiebel schälen und in kleine Würfel schneiden.

Das Öl in einem Topf erhitzen und das Fleisch kräftig anbraten. Dann herausnehmen und beiseite stellen. Die Zwiebeln im Bratöl etwa 5 Minuten glasig anschwitzen.

Das Fleisch und den Kürbis untermischen und 250 ml Wasser angießen. Mit Zucker, Orangenschale und Berbere würzen. Den Eintopf bei mittlerer Hitze etwa 45 Minuten garen. Zum Schluss die Orangenschale entfernen.

Mit Reis servieren.

Elfenbeinküste

Zognou

Hähnchen in Palmsaft

1 Brathähnchen
200 g Schalotten
500 ml Palmsaft
250 g Okraschoten
4 kleine Auberginen (grünweiß und rundlich)
2 frische Chilischoten
Salz
Roter Curry (voodoofood)

Diese beim Bétéstamm beliebte Sauce wurde das Lieblingsgericht der einflussreichen Parteimitglieder der F.P.I. (Front Patriotique Ivorien). Das deutet darauf hin, wie populär dieses Gericht ist.

Das Hähnchen waschen, trocken tupfen und in Portionsstücke zerteilen. Die Schalotten schälen und fein würfeln.

Das Fleisch und die Hälfte der Schalotten in sehr wenig Wasser dünsten, bis das Wasser verdampft ist. Dann den Palmsaft hinzufügen, mit 500 ml Wasser aufgießen und zum Kochen bringen. Etwa 30 Minuten köcheln lassen.

Die Okraschoten von den Stielen befreien, die Auberginen halbieren. Das Gemüse mit den ganzen Chilischoten und den restlichen Schalotten unter das Fleisch mischen. Bei kleiner Hitze 15 Minuten köcheln lassen. Mit Salz und Rotem Curry würzen und weitere 15 Minuten garen.

Mit Reis servieren.

Fleisch

Südafrika

Denningvleis

Hammelfleischragout

1 kg Hammelfleisch
3 Zwiebeln
3 Knoblauchzehen
5 Möhren
2 Tomaten
3 EL Speiseöl
Salz
1 TL Zanzibar Curry (voodoofood)
1 EL Mehl

Das Hammelfleischragout des Xhosastamms – das ist der Stamm schwarzafrikanischer Ureinwohner – zeichnet sich durch seine Einfachheit aus. Die Sprache der Menschen ist »isiXhosa«, die durchsetzt ist mit Klick- und Schnalzlauten. Die meisten Schwarzafrikaner sprechen diese Sprache, u. a. Nelson Mandela.

Das Fleisch waschen, trocken tupfen und in mundgerechte Würfel schneiden. Die Zwiebeln und den Knoblauch schälen und fein würfeln. Die Möhren schälen und in Scheiben schneiden. Die Tomaten waschen und in Würfel schneiden.

In einem großen Topf das Öl erhitzen und das Fleisch darin anbraten. Das Gemüse, die Zwiebeln und den Knoblauch dazugeben, mit Salz und Zanzibar Curry würzen und 250 ml Wasser angießen. Bei kleiner Hitze etwa 1 Stunde zugedeckt garen.

Das Mehl mit 250 ml Wasser verquirlen und in die Sauce rühren. Unter ständigem Rühren köcheln lassen, bis die Sauce leicht eingedickt ist.

Mit Bohnenbrei oder Reis servieren.

Äthiopien

Wot

Hackfleisch-Zwiebel-Pfanne

5 rote Zwiebeln
2 TL Berbere (voodoofood)
70 g Butter
1 kg Rinderhackfleisch
10 g frischer geriebener Ingwer
oder 1 TL Ingwerpaste ohne Honig (voodoofood)
2 Knoblauchzehen
Salz
frisch gemahlener weißer Pfeffer
2 EL Weißwein

Wenn Sie als Mann allein auf einer Reise durch Äthiopien sind, laufen Sie Gefahr, an zwei Dinge Ihr Herz zu verlieren. Das eine ist die Schönheit der Frauen, das andere das Nationalgericht Wot. Die Zubereitung lässt der Fantasie freien Lauf. So gibt es Wot mit Rind, Lamm oder Huhn. Obwohl das traditionelle Gericht einst aus Fisch bestand, wird heute immer häufiger Rindfleisch verwendet.

Die Zwiebeln schälen und fein würfeln. In einen Topf geben und ohne Flüssigkeit bei kleiner Hitze unter ständigem Rühren goldbraun anbraten. Dann 1 Liter Wasser und Berbere dazugeben. Etwa 30 Minuten bei kleiner bis mittlerer Temperatur kochen lassen.

Die Butter zufügen und so lange kochen, bis die Flüssigkeit eingedickt ist. Das Hackfleisch und den Ingwer untermischen. Den Knoblauch schälen und zerdrücken. Mit Salz und Pfeffer unter die Sauce rühren und 15 Minuten köcheln lassen. Nochmals abschmecken und abschließend mit Wein verfeinern.

Mit Injera (siehe Seite 43) servieren.

Elfenbeinküste, Ghana

Nantwi dua

Geschmorter Ochsenschwanz mit Palmsaftsauce

1 kg Ochsenschwanz
5 Schalotten
3 Knoblauchzehen
2 Tomaten
100 g Stockfisch
1 Msp Chilipulver
2 TL Tomatenmark
250 ml Palmsaftkonzentrat
2 Lorbeerblätter
Salz
1 TL Roter Curry (voodoofood)

Die Palmsaftsauce ist die beliebteste Sauce in der Côte d'Ivoire (Elfenbeinküste). Wie oft kam ich in den Genuss dieses wunderbaren Gerichts aus dem Süden und Westen der Elfenbeinküste?! Ich weiß es genauso wenig wie der kleine Franzose Jacques, der nur mit einer Badehose im Gepäck aus Frankreich hierherkam. Heute ist er reich, und dennoch denkt er nicht daran, nach Hause zurückzufliegen. Schuld daran soll dieses Gericht sein.

Das Fleisch waschen, in einen Topf geben und mit viel Wasser zum Kochen bringen. 1 Stunde köcheln lassen.

Die Schalotten und den Knoblauch schälen und fein würfeln. Die Tomaten ebenfalls in kleine Würfel schneiden. Alles zusammen mit dem Stockfisch zum Fleisch geben und mit Chilipulver und Tomatenmark swürzen. So lange kochen, bis sich das Fleisch mühelos vom Knochen lösen lässt.

Das Palmsaftkonzentrat und die Lorbeerblätter hinzufügen. Weitere 20 Minuten bei kleiner Hitze köcheln lassen. Mit Salz und Rotem Curry abschmecken. Das sich auf der Oberfläche absetzende rote Palmöl abschöpfen und für Gerichte wie frittierte Gemüsebananen oder Yams-Foufou aufheben.

Das Gericht kann auch ohne Stockfisch zubereitet werden.

Reis oder Bananen-Foutou dazu servieren.

Nantwi dua

Tansania

Ragout de chèvre

Ziegenfleischragout

1 kg Ziegenfleisch mit Knochen, in mundgerechte Stücke gehackt
2 Zwiebeln
3 mittelgroße weiße Auberginen
2 große Tomaten
2 frische rote Chilischoten
Salz
1 Msp frisch geriebene Muskatnuss

Ziegenfleisch ist in Afrika sehr beliebt. Seine Zubereitung ist unterschiedlich, wobei in Schwarzafrika das Ziegenfleisch mit Haut und Knochen gekocht wird. Die Rezeptur, die ich hier vorstelle, kommt aus Tansania, könnte aber auch aus Ghana oder Gabun stammen. Ich habe dieses Gericht auf dem Marktplatz in Dodoma entdeckt.

Das Fleisch waschen, trocken tupfen und in einen Topf legen. Die Zwiebeln schälen und würfeln, das Gemüse putzen. Zum Fleisch geben und die Chilischoten zufügen. Bei kleiner Hitze unter Zugabe von etwas Wasser 30 Minuten köcheln lassen.

Nach 40 Minuten Tomaten und Auberginen aus dem Topf nehmen, enthäuten, fein mit Chili und Zwiebel pürieren und wieder auf das Fleisch geben, mit Salz und Muskatnuss würzen und bei kleiner Hitze weitere 30 Minuten köcheln lassen.

Dazu Ugali (siehe Seite 35) oder Reis servieren.

Togo

Porc aux haricots

Schweinefleisch mit Bohnen

500 g rote Kidneybohnen (Haricots Rouges)
1 kg Schweineschulter mit Schwarte
1 Zwiebel
2 Knoblauchzehen
2 frische rote Vogelaugen-Chilischoten
Salz

Die Bohnen über Nacht in Wasser einweichen und dann abgießen. Anschließend in einem großen Topf mit Wasser etwa 45 Minuten garen.

Das Fleisch waschen, trocken tupfen und in mundgerechte Stücke schneiden, Die Zwiebel und den Knoblauch schälen und in kleine Würfel schneiden. Die Chilischoten entkernen und klein würfeln. Die Hälfte der Zwiebel und des Knoblauchs mit 2 Teelöffeln Salz und den Chilischoten in einem Mörser zerstoßen.

In einem zweiten Topf das Fleisch mit der Zwiebel-Knoblauch-Mischung in 1 Liter Wasser 40 Minuten bei kleiner Hitze kochen.

Die Bohnen abgießen, abtropfen lassen, zum Fleisch geben, salzen und weitere 10 Minuten köcheln.

Mit Kochbananen, Weißbrot oder Reis servieren.

Kenia

Pilau ist trotz seiner Einfachheit fast überall in Afrika ein sehr beliebtes Festessen. Von Gebiet zu Gebiet unterscheidet sich die Zubereitung, vor allem, was die Zutaten betrifft.

Pilau

Rindfleischeintopf

500 g Rindfleisch
4 EL Pflanzenöl
1 TL Gemüse Curry (voodoofood)
4 Möhren
1 Gemüsezwiebel
250 g Reis
Salz

Das Fleisch waschen, trocken tupfen und in mundgerechte Würfel schneiden.

Das Öl in einem Topf erhitzen und das Fleisch mit Gemüse Curry anbraten. 500 ml Wasser angießen und zum Kochen bringen. Etwa 30 Minuten köcheln lassen.

Die Möhren und die Zwiebel schälen und in kleine Würfel schneiden. Den Reis waschen und mit den Möhren und den Zwiebeln zum Fleisch geben. Salzen und bei kleiner Hitze 15 Minuten garen.

Dieses Gericht kann mit oder ohne Erdnusssauce serviert werden.

Pilau

Malawi

Mbatata

Süßkartoffelgratin mit Hackfleisch

5 Süßkartoffeln
1 Bund Frühlingszwiebeln
4 Tomaten
250 ml Pflanzenöl
1 kg Rinderhackfleisch
40 g Tomatenmark
1 EL Zitronenessig
Salz
3 TL Gemüse Curry (voodoofood)
5 Eier
250 ml Käsesauce (siehe unten)
2 EL Semmelbrösel

Die Süßkartoffeln schälen und in 2 mm feine Scheiben schneiden. Die Frühlingszwiebeln putzen und fein hacken. Die Tomaten enthäuten und würfeln.

In einer Pfanne 4 Esslöffel Öl erhitzen, die Kartoffeln darin bräunen und warm halten.

In einem Topf das restliche Öl erhitzen und die Frühlingszwiebeln darin glasig anschwitzen. Das Hackfleisch dazugeben und anbraten. Die Tomaten, das Tomatenmark, den Essig sowie Salz und Gemüse Curry hinzufügen, durchrühren und bei kleiner Hitze 20 Minuten garen. Dann abkühlen lassen.

Den Backofen auf 180 °C vorheizen. Die Hackfleischmasse mit den Eiern vermengen. In eine gefettete Auflaufform lagenweise Kartoffeln und Hackfleisch schichten. Die Käsesauce darübergeben, mit Semmelbröseln bestreuen und 45 Minuten im heißen Ofen überbacken.

Käsesauce

40 g Butter
1 EL Weizenmehl
250 ml Milch
60 g geriebener Hartkäse, z. B. Emmentaler

Die Butter in einem Topf zerlassen und das Mehl unter ständigem Rühren bräunen. Die Milch dazugießen und unter Rühren eindicken lassen. Den Topf vom Herd nehmen, den Käse in die Sauce rühren und darin schmelzen.

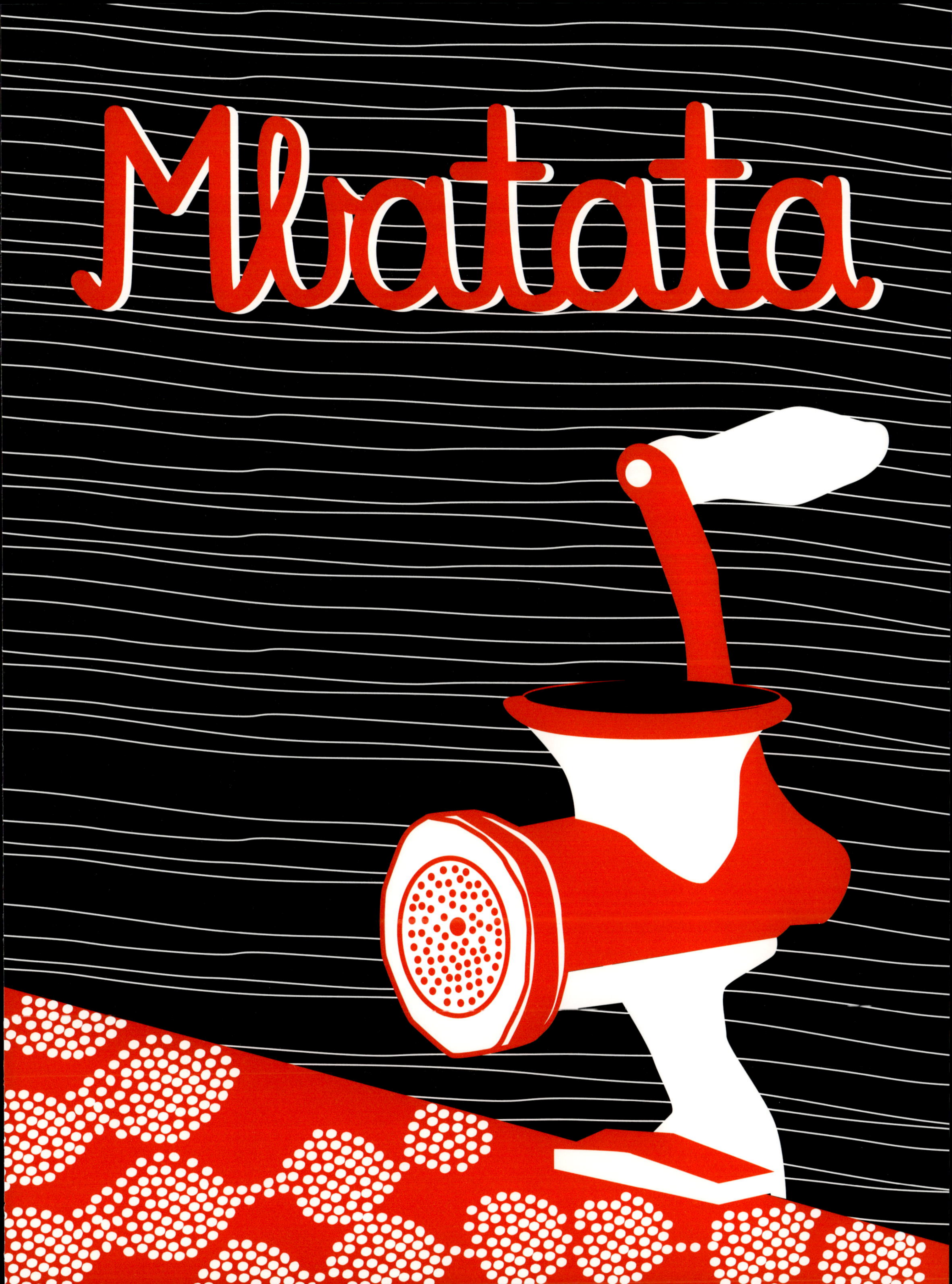
Mlratata

Westafrika

In Westafrika schwören alle Feinschmecker auf dieses Schneckengericht von Soubre, einer Region aus dem Westen der Elfenbeinküste. Die Zubereitung der Schnecken ist vielfältig. Sie werden frittiert, paniert, gebacken oder gekocht. Ich habe sie am liebsten in Palmsaft genossen. Ob in Accra, Cotonou, Abidjan oder Lomé – die Hauptstädte der westafrikanischen Küstenländer bieten gerade in der Regenzeit dieses Gericht an, zur Freude der Einwohner. Auf den lebhaften und bunten Märkten werden sie frittiert mit Tomatensauce und Weißbrot gereicht.

Escargots

Schnecken mit Palmsaft

Für 6 Personen

1 kg mittelgroße Schnecken
Saft von 2 Zitronen
100 g Schalotten
25 g Stockfisch (getrockneter Kabeljau)
1 Lorbeerblatt
1 frische Habanero-Chilischote
2 TL Tomatenmark
250 ml Palmsaftkonzentrat
Salz
frisch gemahlener Pfeffer

Die Schnecken aus dem Gehäuse nehmen, mit Zitronensaft säubern und gegebenenfalls halbieren. Die Schalotten schälen und in kleine Würfel schneiden.

In einen Topf die Schnecken mit den Schalotten, dem Stockfisch, dem Lorbeerblatt und der Chilischote geben. 300 ml Wasser angießen und zum Kochen bringen.

Nach 40 Minuten das Tomatenmark hinfügen und kurz umrühren, ohne die Chilischote zu zerdrücken. Das Palmsaftkonzentrat dazugeben und weitere 15 Minuten bei kleiner Hitze köcheln lassen.

Vor dem Servieren mit Salz und Pfeffer würzen.

Die Schneckensauce wird mit Reis, Kochbananen oder Yams-Foufou (siehe Seite 38) gereicht.

Escargots

Madagaskar

Das war meine persönlich größte Entdeckung. Zwar war Madagaskar in der Gastronomie immer eine Welt für sich – aber eine Sauce aus unreifen Papayas? Undenkbar für einen Westafrikaner. Papayas werden bei uns reif und als Dessert oder Zwischenmahlzeit verzehrt. In Manakara, diesem romantischen Städtchen am Indischen Ozean, machte ich auf der Insel der Schönheit erstmals Station auf der Suche nach außergewöhnlichen Gewürzen. Meine Erwartungen wurden weit übertroffen. Hier lernte ich nicht nur die Schönheit der Natur schätzen, hier entdeckte ich auch diese wunderbare Sauce.

Côtelette d'agneau à la sauce papaye

Lammkotelett mit Papayasauce

Für 6 Personen

2 mittelgroße grüne Papayas
2 mittelgroße Zwiebeln
Salz
4 EL Pflanzenöl
1 kg Lammkoteletts
500 ml Kokosmilch
3 EL Gemüse Curry (voodoofood)

Die Papayas schälen, in Spalten schneiden und raspeln. Die Zwiebeln schälen und fein würfeln. Die Papayas in Salzwasser 5 Minuten kochen und sorgfältig abtropfen lassen.

Das Öl in einer Pfanne erhitzen und die Zwiebeln glasig anschwitzen. Das Fleisch dazugeben und auf beiden Seiten goldbraun anbraten.

Die Papayas sowie die Kokosmilch dazugeben, mit Salz und Gemüse Curry würzen. Bei kleiner Hitze etwa 30 Minuten köcheln lassen.

Mit Reis oder Pasta servieren.

Südafrika

Bobotie

Hackfleisch-Auflauf mit Rosinen

Für 8 Personen

2 Scheiben altbackenes Weißbrot
1 EL Pflanzenöl
50 g Butter
1 EL Butter für die Form
2 große Zwiebeln, klein gehackt
750 g Rinderhackfleisch
3 zerdrückte Knoblauchzehen
2 EL Gemüse Curry (voodoofood)
75 g Rosinen
4 EL Mandelblätter
6 Zitronenblätter
125 ml Milch
2 Eier
Salz
frisch gemahlener Pfeffer

Das Brot in Wasser einweichen. Das Öl und die Butter zusammen erhitzen und die Zwiebeln glasig anschwitzen.

Das Hackfleisch mit dem Knoblauch, dem Gemüse Curry, den Rosinen und den Mandelblättern in einer großen Schüssel vermischen. Die Zwiebeln mit dem Bratfett und das ausgedrückte Brot zum Hackfleisch geben und gut vermischen. Den Backofen auf 180 °C vorheizen.

Die Hackfleischmasse in eine mit Butter ausgestrichene Auflaufform geben. Die Zitronenblätter hineinstecken. Im heißen Ofen 30 Minuten backen.

Die Milch und die Eier verquirlen und über den Auflauf gießen. Den Auflauf zurück in den Ofen stellen und etwa 5 Minuten backen, bis die Eier gestockt sind.

Dazu passt Kurkumareis (siehe Seite 44).

Desserts und Getränke

Elfenbeinküste

Die Franzosen beeinflussten mit diesem Gericht die afrikanische Esskultur. Die Afrikaner ihrerseits afrikanisierten die französische Sprache. Aus dem Wort Caramel machten sie Calamel.

Calamel

Erdnusskaramell

300 g Zucker
500 g geröstete gehackte Erdnüsse
2 EL Erdnuss- oder anderes Pflanzenöl

Den Zucker in einer Pfanne bei kleiner Hitze zum Schmelzen bringen. Die Erdnüsse zum geschmolzenen Zucker geben. Das Ganze mit einem Holzlöffel so lange rühren, bis die Masse goldbraun ist.

Eine Marmor- oder Granitplatte sowie ein Nudelholz mit Öl bestreichen. Die heiße Masse auf diese Platte geben und ausrollen. Etwas auskühlen lassen. Dann in Stücke schneiden, nebeneinander auf ein Kuchengitter legen und erkalten lassen.

Salade de fruits

Obstsalat mit Ingwersirup

1 Ananas
1 Banane
1 kleine Papaya
1 Mango
8 Datteln
Saft einer Zitrone
1 EL Zucker
Ingwersirup
einige Minzeblätter
Charme du Café (voodoofood)

Das Obst (ohne Datteln) klein schneiden und mit dem Zucker und dem Zitronensaft etwa 30 Minuten im Kühlschrank ziehen lassen. Anschließend den Obstsalat mit Ingwersirup mischen.

Auf Tellern oder in Gläsern anrichten und mit den in Scheiben geschnittenen Datteln und ein paar Pfefferminzblättern garnieren. Mit Charme du Café bestreuen.

Calamel

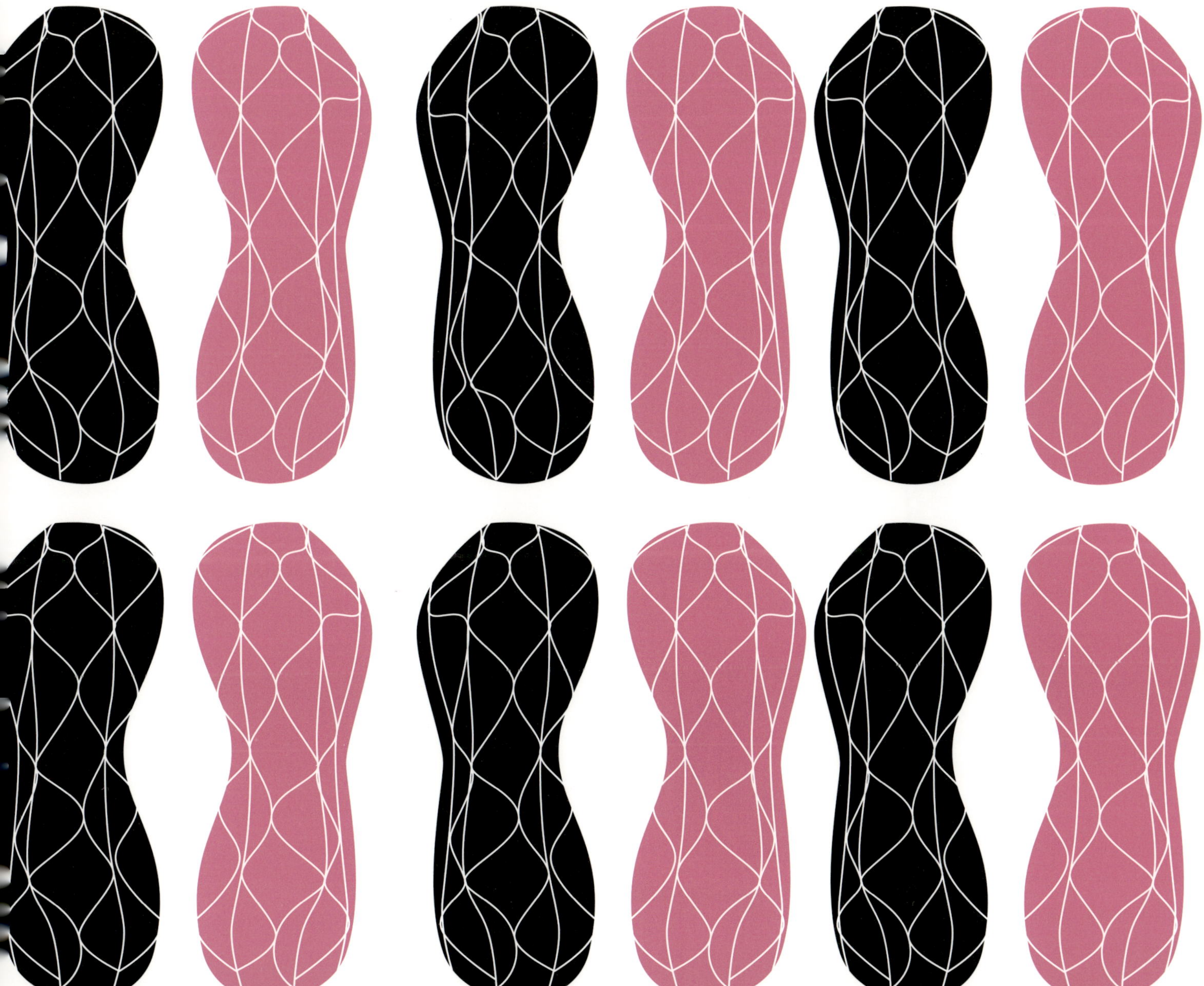

Gâteau de banane

Bananen-Erdnuss-Kuchen

Für 8 Personen

2 reife Kochbananen
1,5 kg geröstete Erdnüsse
150 g Maismehl
100 g Zucker
2 EL Puderzucker

Die Bananen schälen und im Backofen bei hoher Temperatur etwa 15 bis 20 Minuten backen, bis sie weich sind.

Die gerösteten Erdnüsse in einem Mixer ganz fein zu Mehl zerkleinern. Die Bananen in Stücke schneiden und zum Erdnussmehl geben. So lange mixen, bis eine glatte Masse entsteht. Dann das Mehl und den Zucker hinzufügen und noch einmal mixen.

Die Teigmasse auf einer großen Platte ausstreichen, mit Puderzucker bestreuen und in Stücke schneiden.

Senegal

Tiopati

Krapfen

Für 6 Personen

1 kg Mehl
2 Päckchen Backpulver
4 Eier
100 g Butter
frisch geriebene Muskatnuss
1 l Erdnussöl

Das Mehl und das Backpulver in eine Schüssel sieben. In die Mitte eine Mulde drücken, die Eier hineingeben und mit einem Handrührgerät mit dem Mehl verrühren.

Die Butter zerlassen und erkaltet unter den Teig rühren. Nach und nach etwa 300 ml Wasser unterrühren, bis ein glatter Teig entsteht. Mit Muskat würzen. Den Teig 30 Minuten zugedeckt ruhen lassen.

Das Öl in der Fritteuse oder einem hohen Topf auf 175 °C erhitzen. Mit einem Esslöffel Stücke vom Teig abstechen und portionsweise im Öl goldbraun ausbacken, zwischendurch wenden.

Die Krapfen mit einem Schaumlöffel aus dem Öl heben und auf Küchenpapier abtropfen lassen.

Die Tiopati können warm oder kalt serviert werden.

Nanas

Ananaslimonade

1 reife Ananas (etwa 2 kg)
6 Gewürznelken
1 TL Zimtpulver
Saft einer Zitrone
2 EL Zucker
1 EL Vanillezucker

Die Ananas schälen, halbieren und den harten Strunk in der Mitte entfernen. Die Ananas in Scheiben schneiden oder würfeln und entsaften.

1 Liter Wasser zum Kochen bringen. Die Gewürznelken sowie den Zimt dazugeben und etwa 5 Minuten kochen lassen. Anschließend durch ein feines Sieb abgießen.

Den Ananassaft und den Zitronensaft in das Wasser rühren, den Zucker und den Vanillezucker darin auflösen.

Den Saft abkühlen lassen und nach Wunsch mit Eiswürfeln servieren.

Bissap

Hibiskusblütensaft

300 g getrocknete Hibiskusblüten
½ Vanilleschote
6 EL Zucker

In einem großen Topf 2 Liter Wasser zum Kochen bringen.

Die Hibiskusblüten nach und nach in das kochende Wasser geben, die Vanilleschote zufügen. Zugedeckt bei kleiner Hitze etwa 10 Minuten köcheln lassen.

Den Saft durch ein sauberes Tuch oder ein feines Sieb passieren. Den Zucker unterrühren. Abkühlen lassen, in Flaschen füllen und im Kühlschrank kalt stellen.

Gut gekühlt servieren.

Mali, Senegal, Elfenbeinküste

Dakhar

Tamarindensaft

450 g Tamarindenmark
5 EL Zucker
20 g Vanillezucker

Das Tamarindenmark in eine Schüssel geben. Nach und nach unter ständigem Rühren 2 Liter Wasser dazugießen und das Mark darin auflösen. Den Zucker sowie den Vanillezucker zugeben. Im Kühlschrank etwa 1 Stunde ziehen lassen.

Gut gekühlt servieren.

Südafrika

Ithlodlwa

Hirsebier

6 kg Hirse (Sorghumhirse)
3 kg grobes Maismehl
10 g Bierhefe

4 Liter Wasser zum Kochen bringen. Die Hälfte der Hirse mit dem Maismehl vermischen, mit dem kochenden Wasser verrühren und abkühlen lassen. 1 kg Hirse dazugeben und über Nacht stehen lassen.

Am nächsten Tag auf die Mischung 1 Liter kaltes Wasser geben, 1 Stunde kochen und dann abkühlen lassen. Die abgekühlte Mischung in einen Eimer umfüllen, die restliche Hirse untermischen und 3 Liter kaltes Wasser einrühren. Die Bierhefe hinzufügen und alles gründlich vermischen.

Die Mischung mit einem sauberen Tuch oder einer Plastikfolie abdecken und 12 Stunden lang gären lassen. Anschließend durchsieben und gut gekühlt servieren.

Westafrika

Gnamakoudji

Ingwersaft

350 g frischer Ingwer
3 grüne Kardamomkapseln
Saft einer halben Zitrone
5 EL Zucker

Den Ingwer schälen, klein schneiden und im Mixer pürieren. Dann in eine große Schüssel oder einen Krug umfüllen.

Die Kardamomkapseln in einem Mörser zerstoßen. Mit dem Zitronensaft zum Ingwer geben und mit 2 Litern Wasser bedecken. Im Kühlschrank 3 bis 5 Stunden ziehen lassen.

Den Ingwersaft durch ein sauberes Tuch oder ein feines Sieb passieren, den Zucker einrühren. In Flaschen füllen und im Kühlschrank kalt stellen.

Gut gekühlt servieren.

Man kann den Ingwersaft auch mit einigen Tropfen Orangen- oder Rosenwasser oder mit 1 Vanilleschote aromatisieren. Eine ganz besondere Note erhält Ingwersaft, wenn man ihn mit Charme du Café von voodoofood würzt.

Gnamakoudji

Macoco de Monique

Macoco de Monique

Mangolimonade

200 g püriertes Mangofruchtfleisch, ersatzweise Mangopulpe
50 ml Kokosmilch
3 EL Zucker
20 g frisch geriebener Ingwer

In Westafrika ist Macoco ein Spitzname für eine Frau, die von vielen Männern wegen ihrer Schönheit begehrt wird. Ein Lied aus dem Kongo erzählt davon. Dieses Getränk aus »mangue« (Mango) und »coco« (Kokosmilch) wurde danach benannt.

Das Mangopüree mit der Kokosmilch verrühren, 1 Liter kaltes Wasser dazugeben. Den Zucker und den Ingwer hinzufügen. Alles kräftig mixen, durch ein feines Sieb passieren und bis zum Servieren in den Kühlschrank stellen.

Mali, Senegal, Elfenbeinküste

Bouye
Jackfruchtsaft

1,5 kg Jackfruchtfleisch
500 g feiner Zucker
4 Päckchen Vanillezucker
1 EL Orangenblütenwasser

Das Fruchtfleisch in einer großen Schüssel in 2 Liter Wasser 15 Minuten einweichen. Dann mit der Hand zerdrücken, damit sich das Fruchtfleisch von den Kernen löst. 2 Stunden ziehen lassen. Anschließend die Kerne entfernen.

Das Fruchtfleisch mit einem Kartoffelstampfer im Wasser kräftig ausdrücken. Dann den Zucker, den Vanillezucker und das Orangenblütenwasser hinzugeben und gut verrühren.

Die Mischung durch ein feines Sieb passieren. In Flaschen füllen und im Kühlschrank kalt stellen.

Gut gekühlt servieren.

Mali, Senegal, Burkina Faso

Jus de ditakh

Ditakhsaft

1 kg Ditakhfrüchte
500 g Zucker
2 Päckchen Vanillezucker oder Mark von 1 Vanilleschote

Ditakh sind die Früchte des Laubbaumes Detarium senegalense, auch Boiré genannt. Die Frucht hat ein sehr faseriges Fleisch und liefert einen grünen Saft. Sie ist nahrhaft und reich an Vitamin C.

Die Früchte schälen (die Schale ist sehr hart). Das Fruchtfleisch pürieren, mit 2 Litern Wasser übergießen und 2 Stunden ziehen lassen. Anschließend die Kerne entfernen.

Das Fruchtfleisch mit einem Kartoffelstampfer im Wasser kräftig ausdrücken. Dann den Zucker und den Vanillezucker (oder das Vanillemark) hinzugeben und gut verrühren.

Die Mischung durch ein feines Sieb passieren. In Flaschen füllen und im Kühlschrank kalt stellen.

Eine herrliche Erfrischung!

Mali, Senegal, Elfenbeinküste

Infusion de kinkéliba

Kinkélibatee

1 Handvoll Kinkéliba-Blätter
Zucker und Zitronensaft

Die Kinkélibablätter in einem Topf mit 1 Liter Wasser zum Kochen bringen. Vom Herd nehmen und 10 Minuten ziehen lassen.

Den Tee durch ein Sieb gießen und servieren.

Dieser Tee wird meist ungesüßt getrunken. Man kann ihn aber auch nach Geschmack mit Zucker süßen und mit etwas Zitronensaft aromatisieren.

Mali, Senegal, Elfenbeinküste

Jus de corossol

Corossolsaft

4–5 mittelgroße reife Corossols (Stachelannonen), ersatzweise Cherimoyas
250 g feiner Zucker
1 l gesüßte Kondensmilch

Die Früchte schälen und das Fruchtfleisch zusammen mit dem Zucker mit einem Löffel oder einer Gabel zerdrücken. Die Kondensmilch dazugeben und so lange rühren, bis sich der Zucker aufgelöst hat. Die Creme etwa 2 Stunden im Kühlschrank kalt stellen.

2 Liter Wasser unter die kalte Creme rühren. Die Mischung durch ein feines Sieb passieren. In Flaschen füllen und im Kühlschrank kalt stellen.

Gut gekühlt servieren.

Gewürze

Die Gewürzmischungen von voodoofood

Berbere
Anis
Bockshornklee
Cayennepfeffer
Ingwer
Kardamom
Koriander
Kreuzkümmel
Muskatnuss
Nelken
Paprika
Pfeffer schwarz
Piment

Charme du Café
Kardamom
Ingwer
Nelken
Piment
Zimt

Gemüse Curry
Anis
Bockshornklee
Cayennepfeffer
Ingwer
Koriander
Kurkuma
Lemongrass
Nelken
Paprika
Pfeffer weiß

Grüner Curry
Anis
Bockshornklee
Ingwer
Kardamom
Kreuzkümmel
Lauch
Lemongrass
Liebstöckel
Lorbeer
Muskatnuss
Pfeffer schwarz
Petersilie
Pfefferminze
Rosmarin

Harrissa Tuareg
Bockshornklee
Fenchel
Koriander
Kreuzkümmel
Nelken
Pfeffer rot
Pfeffer schwarz
Pfeffer weiß
Pfefferminze
Salz

Kinder Curry
Koriander
Kardamom
Kurkuma
Paprika
Senfkörner
Sternanis
Zimt

Lustgewürz
Cayennepfeffer
Ingwer
Kardamom
Muskatnuss
Nelken
Rosenblätter
Sellerie
Zwiebel

Roter Curry
Ingwer
Kardamom
Kurkuma
Kreuzkümmel
Liebstöckel
Muskatnuss
Paprika
Pfeffer schwarz
Sellerie
Zwiebel

Matata
Ingwer
Kardamom
Muskatblüte
Pfeffer schwarz
Rosenblätter
Sellerie
Zwiebel

Milder Curry
Cayennepfeffer
Ingwer
Kardamom
Koriander
Kreuzkümmel
Kurkuma
Lemongrass
Zwiebel

Zanzibar Curry
Anis
Cayennepfeffer
Chili
Ingwer
Knoblauch
Nelken
Pfeffer rot
Pfeffer schwarz
Pfefferminze

Ingwerpaste
Ingwer
Pflanzenöl
Rohrohrzucker
Branntweinessig
Meersalz
Guakernmehl
Zitronensäure

Hinweis:
Ingwerpaste mit Honig enthält zusätzlich eine bestimmte Menge Honig.

Die magische Welt der Gewürze

»Gewürze sind für Speisen, was der Duft für die Haut ist: launisch, anspruchsvoll, bestimmend, erotisch.« Dr. Dodo Liadé

Gewürze sind Genussmittel und Naturheilmittel zugleich. Ihre Aromen verfeinern unsere Gerichte, ihre Schärfe fördert unsere Verdauung. In der afrikanischen Küche wird sehr viel Wert auf gute Gewürze gelegt. Ob das am Klima liegt, mag ich nicht zu beurteilen. Ich habe tolle Gewürze und Gewürzmischungen in Tunesien, Madagaskar und Südafrika entdeckt. Mir läuft jetzt noch das Wasser im Munde zusammen, wenn ich an die goldbraun frittierten Gemüsebananen in den Straßen von Abidjan denke, an die pikanten Hirsefrikadellen von Ouagadougou oder den saftig gegrillten Fisch in Dakar. Diese Köstlichkeiten werden immer von einer würzigen, angenehm parfümierten Sauce begleitet, einer Mischung aus Habanero Chili (Piment Haitien), Knoblauch, Zwiebeln, Salz, Tomaten, Muskat, Kreuzkümmel und Oliven- oder Erdnussöl.

Haben Sie einmal eine Sauce gekostet und dabei den Eigengeschmack der verschiedenen Zutaten einzeln identifizieren können? Ein gutes Gericht ist wie ein Regenbogen: bunt und doch mit individueller, unverwechselbarer Prägung der einzelnen Bestandteile. Probieren Sie es mit den Gewürzen aus, und Sie begeben sich auf eine sinnliche Reise voller Überraschungen. Wer glaubt, Gewürze seien allein in Indien zu Hause, der ist auf dem Holzweg. Länder wie Réunion, Madagaskar, Sansibar, Südafrika, Tunesien, Elfenbeinküste, Kamerun, um nur einige zu nennen, sind die Heimat feiner und hochwertiger Gewürze. Bereits vor 6.000 Jahren verwendeten die Ägypter Gewürze nicht nur für Speisen und Kosmetikartikel, sondern auch, um ihre Toten damit einzubalsamieren.

Der chinesische Philosoph und Religionsführer Konfuzius soll jede seiner Speisen mit Ingwer gewürzt haben, denn der tägliche Genuss von Ingwer verspricht ein langes Leben. Darin waren sich auch die arabischen und jüdischen Gelehrten der angesehenen medizinischen Schule von Salerno im 12. Jahrhundert einig: »Der Kälte des Magens, der Nieren, der Lunge tritt der erhitzende Ingwer zu Recht entgegen. Er löscht Durst, belebt und regt an. Im Alter erweckt er aufs Neue die Liebe im Mann.« Heutzutage kennen viele Menschen Gewürze nur noch als lieblose Päckchenware aus dem Supermarkt, nicht selten synthetisiert, künstlich aromatisiert, sträflich verfälscht. Solche Einheitsmischungen, die es auf die Gleichschaltung unserer Gaumen und unsere (nicht nur Geschmacks-) Empfindungen abgesehen haben, verdienen die Bezeichnung »Gewürz« nicht, denn sie sind ihrer lebenskräftigenden, ihrer heilsamen Wirkung beraubt. Echte, natürliche Gewürze dagegen bleiben ein Wunder der Natur. Man kann nicht verschwenderisch genug mit ihnen umgehen, denn ihr kluger und täglicher Gebrauch kann Krankheiten vorbeugen und all unsere Lebensfunktionen – inklusive der Gefühle – positiv beeinflussen.

Es ist leicht, gute Gewürzmischungen selbst herzustellen. Man braucht dazu lediglich: gute Gewürze, eine gute Zunge, eine gute Nase und eine gute Portion Zeit. Versuchen Sie, Ihre eigene Mischung zu kreieren. Das macht Spaß, und das Ergebnis riecht und schmeckt oft besser als billige Massenware.

Ich halte immer noch den Mörser – möglichst aus Holz oder Stein – für das beste Gewürz-Mahlwerk. Denn hier entfaltet sich das Aroma der Inhaltsstoffe optimal. Noch ein kleiner Tipp: Rösten Sie Gewürze vor dem Mahlen leicht an. Dann lassen sie sich nicht nur besser mahlen, sondern ihr unvergleichliches Aroma kommt noch intensiver zur Geltung.

Gewürze haben etwas Magisches, sie heilen Krankheiten und sie fördern, zum Beispiel, das Gedächtnisvermögen. Allein ihr Duft ruft Erinnerungen wach. Genießen Sie Ihren Rotwein mit Muskat, geben Sie eine Prise Paradieskörner auf Ihren Rum oder Schnaps – in Ghana und Kamerun schwört man auf die aphrodisierende Wirkung dieses Gewürzes –, gönnen Sie sich *»un bon Couscous Marocain«* (Couscous auf marokkanische Art) mit Ras al Hanout.

Genießen Sie Ihre Mahlzeiten und genießen Sie Ihr Leben, denn eines ist ziemlich sicher: Wir leben nicht auf Probe.

Gewürz-ABC

Ajowan
Ajowan, auch Königskümmel genannt, ist im südlichen Indien, in Mittelasien, Nord- und Ostafrika zu Hause. Das Gewürz erinnert an Thymian, mit einem leicht scharfen und bitteren Nachgeschmack. In der ayurvedischen Küche wird es einzeln oder in Gewürzmischungen wie Curry verwendet. Ajowan verfeinert Gemüse-, Nudel- und Reisgerichte sowie helles Fleisch. Wegen seines intensiven Aromas sollte man es vorsichtig dosieren. Wie Anis fördert auch Ajowan die Verdauung.

Anis
Der Samen der Anispflanze wird im Ganzen oder gemahlen für Salate, Suppen, Fleisch- und Fischgerichte, aber auch für Kuchen und Gebäck verwendet. Außerdem aromatisiert er alkoholische Getränke wie Pastis, Ouzo, Arrak und Sambuca. Anis ist ein altbekanntes Heilkraut. Schon die alten Ägypter und Römer kauten nach dem Essen die Samen, um den Atem zu erfrischen und die Verdauung zu fördern. Das Gewürz hilft bei Blähungen und Husten und beruhigt die Nerven. Außerdem wird ihm eine potenzsteigernde Wirkung nachgesagt.

Bockshornklee
Bockshornklee schmeckt würzig, leicht bitter und mehlig. Er würzt Eintöpfe und Gemüsegerichte, Fleisch- und Fischgerichte. Eine Prise Bockshornklee verfeinert jedes Gebäck. Bockshornklee wurde schon in der Antike im Mittelmeerraum angebaut. Im antiken Griechenland sollen die Philosophen und ihre Schüler gerösteten Bockshornklee geknabbert haben, daher der Spitzname »Philosophenklee«.

Chilischoten
Die kleinen, scharfen Gewürzpfefferschoten stammen ursprünglich aus Mexiko. Weltweit gibt es über 350 Sorten, die sich in Farbe, Größe, Form und Schärfe (gemessen in Scoville-Einheiten) unterscheiden. Generell gilt: je kleiner die Schote, desto schärfer ist sie. Eine der schärfsten Sorten ist (mit 300.000 Scoville-Einheiten) die Habanero oder Piment Haitien (capsicum chinense). Chili verleiht jeder Speise eine scharfe und/oder würzige Note, regt den Kreislauf an und wirkt antibakteriell und appetitanregend.

Fenchel
Die Samen des Gemüsefenchels haben einen süßlichen, leicht anisähnlichen Geschmack. Verwendet wird das Gewürz in Mitteleuropa für Brot, Wurst, Suppen, Fisch-, Fleisch- und Geflügelgerichte. Fenchel wirkt verdauungsfördernd und krampflösend. Er beruhigt den Magen und beugt Blähungen vor.

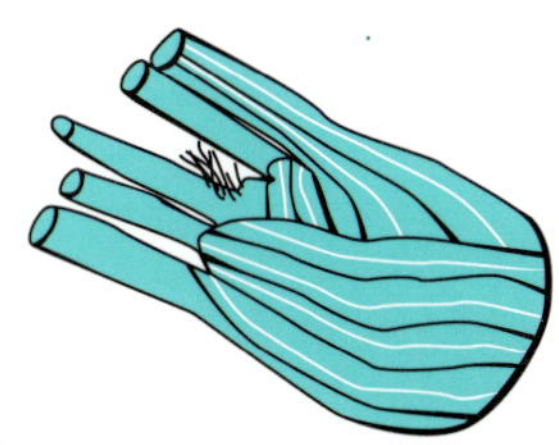

Galgant
Galgant, der Wurzelstock eines ursprünglich in Südchina heimischen Ingwergewächses, duftet nach Zitrusfrüchten und schmeckt mild nach Ingwer. Er ist Bestandteil vieler Gewürzmischungen, wie beispielsweise Curry, und würzt Eintöpfe, Geflügel-, Fleisch- und Fischgerichte. In Asien schwört man auf die euphorisierende und aphrodisierende Wirkung von Galgant.

Gewürznelken
Die ungeöffneten, getrockneten, dunkelbraunen Blütenknospen des Nelkenbaums bezeichnet man als Gewürznelken. Die aromatischen Knospen würzen mit ihrem intensiven, unverwechselbaren Geschmack Fisch-, Wild- und Geflügelgerichte, Eintöpfe, Marinaden und Wurst. Gemahlen sind sie Bestandteil

vieler Gewürzmischungen wie Curry und Garam Masala. Sie wirken verdauungsfördernd, appetitanregend, schmerzstillend und desinfizierend.

Ingwer

Ingwer ist die Wurzelsprosse der schilfartigen Ingwerstaude, die in den Tropen und Subtropen wächst. Frischer Ingwer hat ein würzig-scharfes Aroma mit leichter Zitrusnote. Er würzt Suppen, Geflügel-, Fleisch- und Fischgerichte. Die Briten, die zu den größten Konsumenten von Ingwer gehören, verwenden ihn zur Herstellung von Marmeladen, Chutneys und Keksen. Getrocknet und gemahlen ist Ingwer Bestandteil von Gewürzmischungen wie Curry. Er wirkt krampflösend, appetitanregend, verdauungsfördernd und antibakteriell und soll auch eine aphrodisierende Wirkung haben.

Kardamom

Kardamom hat ein warmes, leicht zitronenartiges, scharf-würziges Aroma. Die Samen der indischen Kardamomstaude, einem Ingwergewächs, werden entweder getrocknet in der Kapsel oder gemahlen angeboten, allerdings verlieren sie gemahlen schnell an Aroma. Kardamom würzt Backwaren, Marinaden, Reis-, Fisch- und Fleischgerichte, Tee und Kaffee. Er ist Bestandteil vieler Gewürzmischungen und wirkt verdauungsfördernd, anregend und krampflösend. Hartnäckig wird ihm eine aphrodisierende Wirkung nachgesagt.

Knoblauch

Das weltweit bekannte Zwiebelgewächs stammt ursprünglich vermutlich aus Westasien. Mit seinem charakteristischen, leicht scharfen Geschmack und seinem intensiven Duft ist Knoblauch ein Gewürz, das nicht nur Freunde hat, zumal sein Geruch nach dem Essen auch über die Haut verströmt wird. Knoblauch eignet sich zum Würzen fast aller eher nicht süßen Speisen. Als Heilmittel wirkt er antibakteriell, antiseptisch und blutdrucksenkend. Außerdem soll er das Risiko für Herz-Kreislauf-Erkrankungen mindern.

Koriander

Das Würzkraut und seine getrockneten Samen haben einen intensiven, charakteristischen Eigengeschmack. Korianderkraut erinnert im Aussehen an Petersilie und wird auch genauso verwendet. Die frischen Blätter sind eine hervorragende Würze für Salate, Suppen, Gemüse-, Fisch-, Fleisch- und Geflügelgerichte. Besonders beliebt ist Koriander in der südamerikanischen, indischen und asiatischen Küche. Er wirkt verdauungsfördernd, krampflösend und entzündungshemmend.

Kümmel

Kümmel gehört zu den ältesten Gewürzen der Welt. Ursprünglich in Asien zu Hause, ist er heute in ganz Europa und Nordamerika verbreitet. Herb-würzig und aromatisch ist Kümmel als Gewürz eigentlich ein Einzelgänger. Er würzt Brot, Suppen, Eintöpfe, Käse, Gemüse- und Fleischgerichte, vor allem Schweinefleisch. Kümmel wird wie Anis zur Herstellung von Spirituosen verwendet. Er wirkt appetitanregend, verdauungsfördernd und krampflösend.

Macis, Muskatblüte

Der orangefarbene Samenmantel, der den Samenkern der Muskatnuss umgibt, wird getrocknet und gemahlen angeboten. Er gilt als Ersatz oder Ergänzung der Muskatnuss, schmeckt zartbitter und würzt Suppen, Saucen, Pasteten, Gemüse- und Fleischgerichte.

Mohrenpfeffer, Afrikanischer Pfeffer

In seiner Heimat Afrika wird dieser Pfeffer auch »Wilder Pfeffer« genannt. Diese Pfefferart wächst nur in Schwarzafrika: in Guinea, Nigeria, Ghana, Togo, an der Elfenbeinküste und im Senegal. Das Aroma dieses Pfeffers ist einmalig, und er passt zu jeder Speise. Im Senegal wird er oft für die Zubereitung eines Kaffeegetränks (Café Touba) verwendet. Der Mohrenpfeffer ist, wie viele Gewürze, Genuss- und Heilmittel zugleich. Er wirkt anregend, vitalisierend und hilft bei Kopfschmerzen, Übelkeit oder Magenverstimmung.

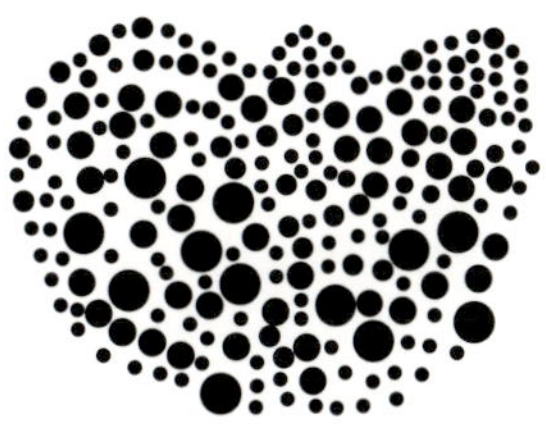

Muskatnuss

Muskat gehörte um das 17. und 18. Jahrhundert wie Zimt und Nelken zu den begehrtesten Gewürzen der Welt. Ursprünglich in Neuguinea beheimatet, wird der Muskatbaum heute vorwiegend in Indonesien, Westindien, auf Madagaskar und Mauritius angebaut. In zahlreichen Gewürzmischungen kommt die Muskatnuss vor. Man kann sie aber auch einzeln verwenden, zum Beispiel (gemahlen) bei Kartoffelgerichten, Spinat, Kuchen, Pudding oder Fleisch. Muskat wirkt anregend und verdauungsfördernd. In großer Menge konsumiert, kann Muskatnuss allerdings eine schädliche Wirkung haben (Rauschzustände, Herzbeklemmung u.a.).

Paradieskörner (Kamerun Kardamom)

Kamerun Kardamom (Paradieskörner) ist in vielen afrikanischen Ländern zu Hause (Kamerun, Elfenbeinküste, Äthiopien, Guinea, Nigeria, Ghana). Einst Wundermittel der Medizinmänner, haben die Paradieskörner inzwischen den Weg in die Gourmetküche gefunden. Viele feine Gerichte werden heute mit diesem Gewürz abgeschmeckt. Ob Fleisch oder Fisch, Gemüse oder Suppe, jede Speise bekommt eine besondere Note durch ihr angenehm scharfes Aroma. Paradieskörner helfen bei Blähungen, Kreislauf- und Verdauungsproblemen.

Piment

Die getrockneten, halbreif geernteten Beeren des tropischen Pimentbaums werden auch Jamaikapfeffer, Allgewürz oder Nelkenpfeffer genannt. Piment vereint die Aromen von Pfeffer, Gewürznelken, Muskatnuss und Zimt – das hat ihm auch zu dem Spitznamen 4 épices (4 Gewürze) verholfen. Piment würzt Marinaden, Suppen, Saucen, Ragouts, Gemüse, Fischsud, Fleischgerichte, sogar Weihnachtsgebäck. Piment wirkt appetitanregend und verdauungsfördernd. Pimentöl ist ein exzellentes Mittel gegen Koliken und Blähungen.

Safran

Safran wird aus den goldgelben oder orangefarbenen Blütenfäden des Crocus sativus gewonnen und ist das teuerste Gewürz der Welt. Das liegt nicht nur an der Qualität dieses Gewürzes, sondern auch an der intensiven Handarbeit bei der Ernte. Aus fast 200 Blüten kann man nur etwa 1 Gramm Safran gewinnen. In der Küche würzt Safran Suppen, Saucen, Reis- und Nudelgerichte, Kuchen und Backwaren. Sein zartbitterer, leicht scharfer Geschmack macht ihn ebenso beliebt wie seine Fähigkeit, alle Speisen goldgelb zu färben. Er wirkt anregend, herzstärkend und aphrodisierend.

Salz

Salz war und bleibt ein kostbares Gewürz und ist heute noch ein Zahlungsmittel in Afrika. Es wird auf drei Arten gewonnen: durch Verdunsten aus Meerwasser (Meersalz), bergmännischen Abbau aus Salzstöcken (Steinsalz) oder durch Eindampfen von Sole (Siede- oder Salinensalz). Salz ist nicht nur ein unverzichtbares Gewürz, ohne das unsere Speisen fade bis langweilig wären, sondern auch ein bewährtes Konservierungsmittel. Salz wirkt außerdem appetitanregend. Das Gurgeln mit Kochsalzlösung ist ein bewährtes Mittel gegen Erkältung und Halsentzündung.

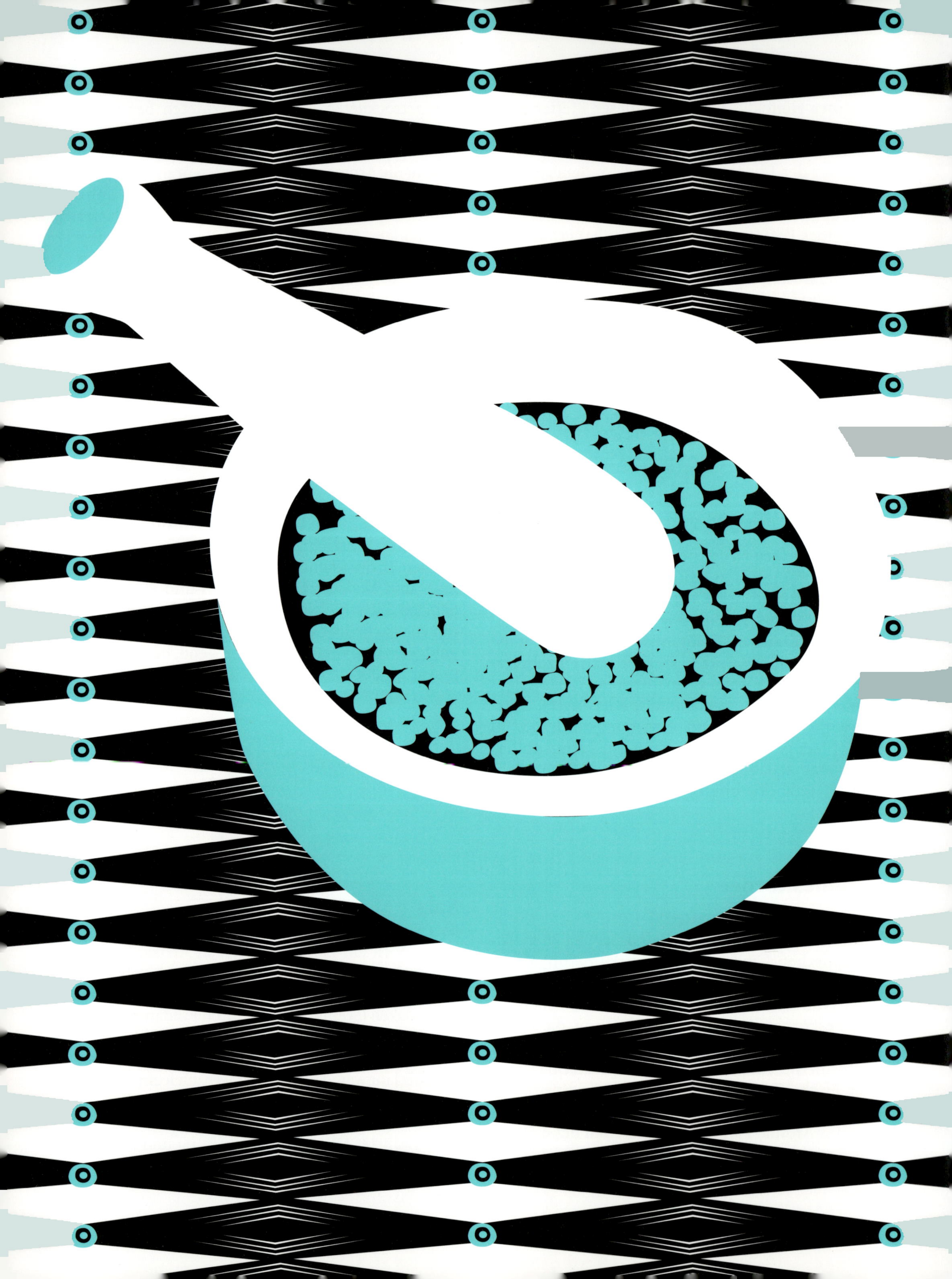

Senf

Senf wird vorwiegend aus weißer (gelber) und brauner (schwarzer) Senfsaat, Essig, Zucker und Salz hergestellt. Dazu kommen je nach Sorte und Zubereitungsart noch Gewürze oder Kräuter. Je nach Sorte schmeckt Senf mild, scharf, würzig-aromatisch oder süß. Er würzt Fleisch, Wurst, Fisch, Gemüse, Saucen, Dips und Salatdressings. Senfkörner aromatisieren Marinaden und Wurst, Senfpulver ist Bestandteil vieler Gewürzmischungen. Senf wirkt appetitanregend und verdauungsfördernd, Senfpflaster lindern bei Hexenschuss und Bronchitis.

Sternanis

Sternanis oder Chinaanis genannt ist in Südchina und Nordvietnam beheimatet. Die rötlich-braune Frucht des tropischen Sternanisbaums mit braunen, glänzenden Samen ist ohne Frage das schönste Gewürz der Welt. Sein ausgeprägtes Aroma, das an Lakritze erinnert, ist kaum von dem des Anis zu unterscheiden. In der Küche verleiht er jeder Speise – vor allem Süßspeisen – ein paar Sterne. Sternanis wirkt gegen Husten, Blähungen und Bronchitis und sorgt für frischen Atem.

Vanille

Die 15 bis 25 Zentimeter langen Schoten der Echten Vanille, einer Orchideenpflanze, werden noch vor der Reife gepflückt, anschließend getrocknet und fermentiert. In der Schote befindet sich das leicht süßliche, klebrige Mark, das jeder Speise ein angenehmes und verführerisches Aroma verleiht. Vanille würzt vor allem Backwaren, Kuchen, Eis und Süßspeisen, aber auch Fleisch-, Fisch- und Gemüsegerichte. Sie wirkt beruhigend, nervenstärkend und entzündungshemmend.

Zimt

Als Zimt bezeichnet man die getrocknete Rinde der zarten Äste des immergrünen Zimtbaums, der ursprünglich aus Sri Lanka (Ceylon) stammt. Es gibt 275 verschiedene Sorten von Zimtbäumen, von denen allerdings nur sehr wenige zur Zimtgewinnung geeignet sind. Beste Qualität liefert der echte Ceylon-Zimt mit seinem würzig-süßlichen, feinen Aroma. Zimt würzt Süßspeisen, Backwaren, Kompott, aber auch Fleisch-, Reis- und Gemüsegerichte. Er wirkt kreislaufanregend, antibakteriell und magenstärkend.

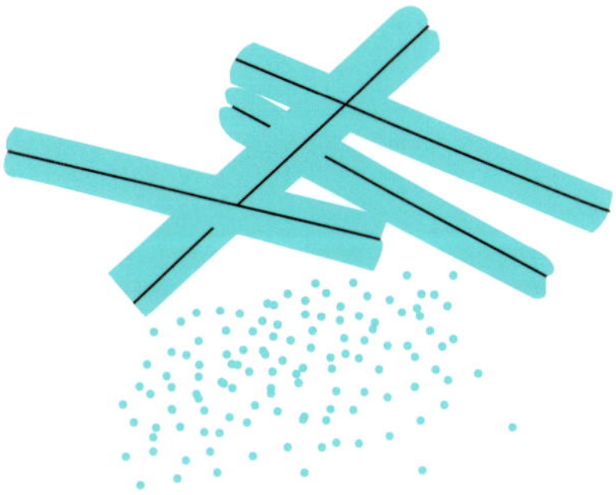

Anhang
Register nach Kapiteln

Alphabetisches Register

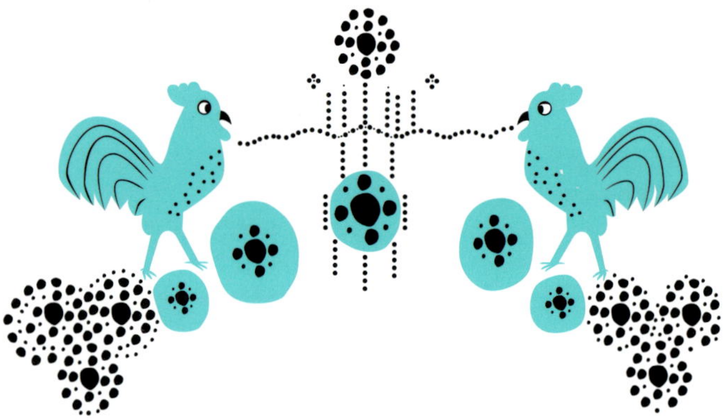

Liebe Leserin, lieber Leser,

sämtliche Rezepte in diesem Buch sind, falls nicht anders angegeben, für vier Personen berechnet.
Bei den meisten Gerichten finden Sie einen Hinweis darauf, aus welchem Land Afrikas es stammt. Diese Information entnehmen Sie der Zeile unter den kleinen Illustrationen neben den Rezepten. Wenn die Illustrationen keinen Vermerk tragen, so ist das danebenstehende Rezept in sehr vielen Ländern des großen Kontinents gebräuchlich. Daher wurde in diesen Fällen auf eine zusätzliche Angabe verzichtet.
Die Schreibweise der Gewürze und Gewürzmischungen von *voodoofood* entspricht derjenigen auf den Verpackungen der Produkte.

Impressum

Tutzing am Starnberger See
Visuelle Gesamtgestaltung: Zsuzsanna Ilijin
Printed in Austria
ISBN 978-3-934552-99-9